회사에서 가장 많이 쓰는

비즈니스 영어 100

회사에서 가장 많이 쓰는 비즈니스 영어 100

지은이 이지연
펴낸이 임상진
펴낸곳 (주)넥서스

초판 1쇄 발행 2023년 6월 5일
초판 5쇄 발행 2024년 10월 1일

출판신고 1992년 4월 3일 제311-2002-2호
주소 10880 경기도 파주시 지목로 5
전화 (02)330-5500 팩스 (02)330-5555

ISBN 979-11-6683-517-9 13740

www.nexusbook.com

회사에서 가장 많이 쓰는

비즈니스 영어
BUSINESS ENGLISH
100

이지연 지음

How are you settling in?
I'm getting the hang of it!

넥서스

머리말

✳ 실리콘밸리 창업자가 영어 책을 쓴 이유

안녕하세요, 실리콘밸리 창업자이자 <회사에서 가장 많이 쓰는 비즈니스 영어 100>의 저자 이지연입니다.

현재 4만여 개의 미국 학교에서 저희 서비스로 코딩 교육을 하고 있고, Microsoft, Roblox와 파트너가 되어 다양한 공익적인 프로젝트도 하고 있습니다.

그런데 왜 비즈니스 영어 책을 썼냐고요? 실리콘밸리에는 세계 각국의 인재들이 몰려옵니다. 그들과 나란히 고군분투하면서 영어 자신감의 중요성을 절실하게 체감했습니다. 그들은 영어로 1차 생산되는 새로운 지식을 활용하여 세계 각국의 베스트 플레이어들과 협업을 하고, 연고가 없는 미국에서 네트워크를 만들며 뿌리를 내리고 새로운 기회를 만듭니다. 이것이 바로 영어 자신감의 힘입니다.

한국에는 성실하며, 재능이 뛰어난 인재가 많습니다. 그럼에도 불구하고 영어 때문에 글로벌 기업 이직의 기회를 놓치거나 국내에 한정해 커리어를 고민하며 답답해하는 분들을 종종 만나 왔습니다.

반면에 해외 취업에 성공해 상상도 못한 커리어 점프를 한 개발자, 한국에서는 반응이 미지근했던 제품을 미국에서 판매하기 시작해 베스트셀러를 만든 창업가, 해외에 있는 고객을 상대로 디자인 의뢰를 받는 프리랜서 등 본인의 활동 무대를 글로벌로 확장해서 성공한 분들도 많이 봤습니다.

여러 성공 요인이 있겠지만 영어 자신감이 그 바탕에 있습니다. 저 역시도 영어 자신감이 기반이 되었기 때문에 6년간의 뉴욕 직장 생활부터 실리콘밸리에서 창업을 하는 것이 가능했습니다. 여러분의 성공적인 글로벌 커리어 도약에 도움을 드리고자 제 지식과 경험을 녹여 책과 강의를 만들게 되었습니다.

✷ 어제도 썼던 표현, 100% 실전 영어

10년 이상 회사 직원으로, CEO로 늘 영어를 쓰다 보니 주변에서 비즈니스 영어 책을 추천해 달라는 요청을 많이 받았습니다. 물론 저도 필요해서 여러 책들을 살펴보았지만 현재 제가 실리콘밸리에서 쓰는, 100% 실전 영어를 가르쳐 주는 책은 찾지 못했습니다. 그래서 직접 책과 강의를 만들었습니다.

진짜 실전에서 쓰는, 직군을 가리지 않고 공통적으로 사용하는, 바로 어제도 썼던 생생한 표현들만 담았습니다. 면접, 온보딩, 회의, 이메일, 도움 요청, 친목, 퇴사 등 회사 생활에서 바로 써먹는 뉘앙스가 살아 있는 표현과, 회사 적응에 도움을 줄 조직 문화, 사회생활 팁까지 모두 채웠습니다.

물론 이 한 권의 책으로 비즈니스 영어를 마스터할 수는 없습니다. 하지만 이 책으로 시작하시는 것을 추천드립니다. 업계에서 3년 차 정도 되신 분들은 일상적인 스몰토크보다 비즈니스 영어가 훨씬 쉽다고 말합니다. 왜냐하면 회사에서 쓰는 영어는 패턴화되어 있기 때문이죠. 기본 패턴과 표현부터 시작해서 차차 비즈니스 영어를 업그레이드해 보세요.

영어로 본인의 커리어를 업그레이드하고 싶은 분들, 영어 자신감이 필요한 분들을 위해 이 책을 만들었습니다. 여러분의 글로벌 커리어를 응원합니다.

저자 이지연

이 책을 미리 본 독자들의 후기

핵심 표현은 물론 예문까지 업무에 바로 적용 가능합니다, 너무 유용해요!

- Adrian 무역업 6년 차 대리

매일매일 비즈니스 영어를 공부하는 습관을 만들기에 좋은 책입니다.
한 Unit이 짧고 부담스럽지 않아서 좋아요. 문장들이 회사 생활에서 그대로 쓸 수 있는 실용적인 것들이라 이 책을 통째로 다 외우고 싶답니다. 동영상 강의를 들을 때도 선생님 발음이 좋으셔서 그대로 따라 말하고 싶어져요.

- 백재민 G사 교육 관리직

회사 입사 전 면접, 자기소개 준비부터 회사 생활 때 사용하는 표현들이 상황별로 보기 쉽게 정리되어 있어서 좋았어요. 실생활에서는 들어보지 못한 비즈니스 상황에서의 영어 표현들이 포함되어 있다는 점이 이 책의 큰 장점인 거 같아요! 특히 '401K' 이 단어는 못 잊을 거 같아요!

- 김효원 외국계 기업 취업 준비생

단순한 회화를 넘어서 각 상황에 맞는 예시와 누구에게도 배우기 어려운 사회생활 꿀팁이 나와 있어서 좋았습니다.

- 김미나

비즈니스 상황에서 바로 적용할 수 있는 표현들이라서 좋았습니다. 특히 목차가 상황별로 나뉘어 있어서, 필요할 때마다 해당 파트를 펼쳐 보면 신속하게 도움을 얻을 수 있을 것 같아요!

- 윤재연 아마존 거래 출판사 에디터

✳ ✳ ✳

비즈니스 영어이지만 면접, 동료들과의 생활에서 쓰일 수 있는 표현들이 많이 있고, 실제로 배운 표현을 업무에서 바로 써먹을 수 있다는 게 가장 큰 장점인 것 같아요.

- 구유진 해외영업부 근무

미국 실리콘밸리 실무와 창업 경력이 있는 제인 님 책으로 많은 도움을 받았습니다.

- Dominick Kim 미국 대사관 근무

핵심 표현 관련한 예문들이 유용해서 그대로 외우면 도움이 많이 될 것 같아요!

- Kio IT 회사 3년 차 마케터

해외 취업을 꿈꾸지만 연고나 경험이 없는 분들께 더 없이 좋은 시작점이 될 것 같아요.

- July 삼성전자 8년 차 디자이너

다양한 상황에서의 다양한 비즈니스 표현들을 배울 수 있어서 참 유익합니다.

- sunflower H사 2년 차 조선업

이 책의 구성

핵심 표현

핵심 영어를 패턴화했습니다.
상상 속의 표현이 아닌 실제 회사에서
자주 사용하는 표현을 배웁니다.

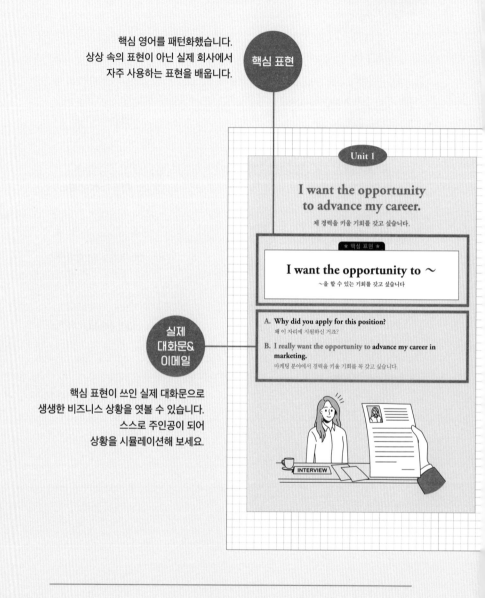

Unit 1

I want the opportunity to advance my career.

제 경력을 키울 기회를 갖고 싶습니다.

★ 핵심 표현 ★

I want the opportunity to ~

~을 할 수 있는 기회를 갖고 싶습니다

A. Why did you apply for this position?
왜 이 자리에 지원하신 거죠?

B. I really want the opportunity to **advance my career in marketing.**
마케팅 분야에서 경력을 키울 기회를 꼭 갖고 싶습니다.

실제 대화문& 이메일

핵심 표현이 쓰인 실제 대화문으로
생생한 비즈니스 상황을 엿볼 수 있습니다.
스스로 주인공이 되어
상황을 시뮬레이션해 보세요.

* * *

이렇게 사용하세요

저자가 실제 직장 생활을 하며
터득한 사회생활 꿀팁들을 알려 줍니다.
영어뿐만 아니라 문화적 이해를 높여
일 잘하는 인재의 능력을 갖출 수 있습니다.

이렇게 사용하세요

면접을 보거나 자기소개서를 쓸 때, 내가 그 회사에 합류하고 싶은 간절한 마음과 일에 대한 의욕을 전달하는 것이 중요합니다. 미국의 경우, 커리어를 발전시키기 위해 채용 중인 포지션에 대해 당당하게 어필하면 더욱 좋은 인상을 남길 수 있습니다. 미국 직장에서는 직원의 커리어 목표와 포지션의 goal alignment(목표의 일치)를 매우 중요하게 보기 때문입니다.

이런 표현들과 함께 쓰여요

marketing 마케팅	branding 브랜딩
software development 소프트웨어 개발	accounting 회계
app development 앱 개발	design 디자인
HR (Human Resources) 인사	sales 세일즈, 영업

업그레이드해서 응용해 보세요

* **I really want the opportunity to contribute my skills to a project.**
프로젝트에 저의 재능을 기여할 수 있는 기회를 꼭 갖고 싶습니다.

* **I really want the opportunity to join your team.**
당신의 팀에 합류할 수 있는 기회를 꼭 갖고 싶습니다.

* **I would love to have the opportunity to work at your company.**
당신의 회사에서 일할 수 있는 기회를 갖고 싶습니다.

23

이런 표현들과 함께 쓰여요

핵심 표현이 쓰이는 상황에서 유용하게
함께 활용할 수 있는 관련 표현들입니다.
진짜 업계 용어들이 가득하므로
꼭 외워서 활용해 보세요.

업그레이드해서 응용해 보세요

핵심 표현과 관련 표현들을 활용하여 더욱
유용하고 업그레이드된 문장들을 배울 수 있습니다.
보다 다양한 상황에 유연하게 대처할 수 있도록
많이 연습해 보세요.

이 책의 구성

작문 챌린지

Part 1에서 배운 핵심 표현을 활용하여 우리말에 맞는 문장을 써 보세요.

1 제 경력을 키울 기회를 갖고 싶습니다.

2 저는 데이터 분석에 열정을 가지고 있기 때문에 이 전공을 선택했습니다.

3 저는 보통 휴식을 취하면서 스트레스를 대처합니다.

✷ 작문 챌린지

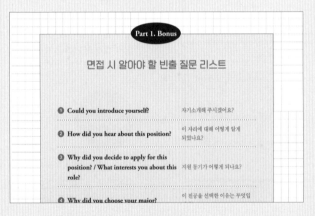

각 Part에서 배운 핵심 표현을 활용하여, 우리말에 맞는 영어 문장을 직접 작문해 보세요.
정답은 하단에서 확인할 수 있습니다.

Part 1. Bonus

면접 시 알아야 할 빈출 질문 리스트

❶ **Could you introduce yourself?**	자기소개해 주시겠어요?
❷ **How did you hear about this position?**	이 자리에 대해 어떻게 알게 되었나요?
❸ **Why did you decide to apply for this position? / What interests you about this role?**	지원 동기가 어떻게 되나요?
❹ **Why did you choose your major?**	이 전공을 선택한 이유는 무엇입

✷ 보너스

각 Part의 주제와 관련된 보너스 표현들을 배울 수 있습니다. 면접 빈출 리스트부터,
유용한 이메일, 회의록 샘플까지 회사 생활에 없어서는 안 되는 보너스 표현들도 알아 보세요.

MP3 & 저자 강의 듣는 법

❶ 스마트폰에서 MP3 바로 듣기

스마트폰으로 QR코드를 인식하면
MP3를 바로 들을 수 있습니다.

❷ 컴퓨터에서 MP3 다운받기

넥서스 홈페이지(www.nexusbook.com)에서 도서명으로 검색하시면,
회원 가입 없이 바로 무료로 다운받을 수 있습니다.

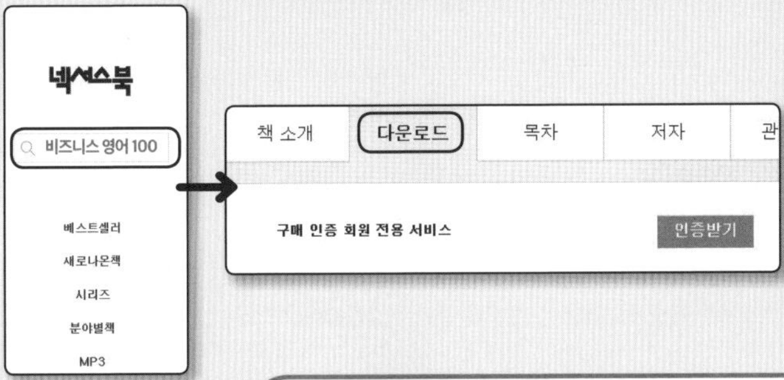

저자 유튜브에서 강의 듣기

QR코드를 통해 저자 유튜브에 방문하면
저자 동영상 강의 및 추가 학습 콘텐츠를
확인할 수 있습니다.

저자 유튜브 바로가기

목차

Part 1
반드시 합격하는 면접과 자기소개서

Part 2
회사에 빠르게 적응하는 온보딩

Part 3
회사 생활에서 꼭 필요한 미팅 스킬

Part 4
원활한 회사 생활을 위한 동료 및 상사와의 업무적 소통

Part 5
간결하게 핵심을 전달하는 이메일

Part 7
회사 생활이 즐거워지는 동료들과의 친목

Part 1

BUSINESS ENGLISH

반드시 합격하는 면접과 자기소개서

면접과 자기소개서 전략 5가지

- 회사에 대한 리서치
- 업계와 관련된 지식과 정보 습득
- 포지션과 내 커리어 목표의 일치
- 긍정적 마인드
- 자신감

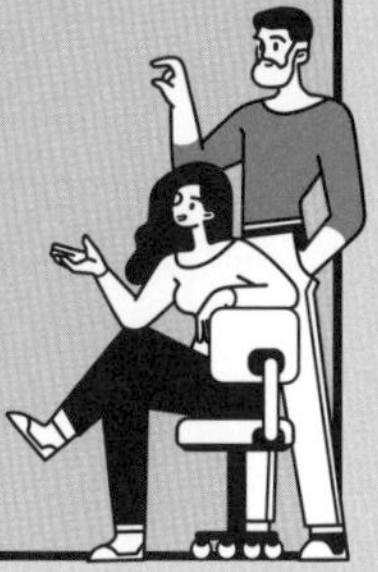

Unit 1

I want the opportunity to advance my career.

제 경력을 키울 기회를 갖고 싶습니다.

★ 핵심 표현 ★

I want the opportunity to ~

~을 할 수 있는 기회를 갖고 싶습니다

A. **Why did you apply for this position?**
왜 이 자리에 지원하신 거죠?

B. I really want the opportunity to **advance my career in marketing.**
마케팅 분야에서 경력을 키울 기회를 꼭 갖고 싶습니다.

이렇게 사용하세요

면접을 보거나 자기소개서를 쓸 때, 내가 그 회사에 합류하고 싶은 간절한 마음과 일에 대한 의욕을 전달하는 것이 중요합니다. 미국의 경우, 커리어를 발전시키기 위해 채용 중인 포지션에 대해 당당하게 어필하면 더욱 좋은 인상을 남길 수 있습니다. 미국 직장에서는 직원의 커리어 목표와 포지션의 goal alignment(목표의 일치)를 매우 중요하게 보기 때문입니다.

이런 표현들과 함께 쓰여요

marketing 마케팅
software development 소프트웨어 개발
app development 앱 개발
HR (Human Resources) 인사
branding 브랜딩
accounting 회계
design 디자인
sales 세일즈, 영업

업그레이드해서 응용해 보세요

* **I really want the opportunity to contribute my skills to a project.**
프로젝트에 저의 재능을 기여할 수 있는 기회를 꼭 갖고 싶습니다.

* **I really want the opportunity to join your team.**
당신의 팀에 합류할 수 있는 기회를 꼭 갖고 싶습니다.

* **I would love to have the opportunity to work at your company.**
당신의 회사에서 일할 수 있는 기회를 갖고 싶습니다.

Unit 2

I chose my major because I'm passionate about data analysis.

저는 데이터 분석에 열정을 가지고 있기 때문에
이 전공을 선택했습니다.

★ 핵심 표현 ★

I chose my major because ~

~ 때문에 이 전공을 선택했습니다

A. Why did you choose your major?
이 전공을 선택한 이유는 무엇입니까?

B. I chose my major because I'm passionate about finding trends from data.
저는 데이터에서 트렌드를 찾는 데 열정을 가지고 있기 때문에 이 전공을 선택했습니다.

이렇게 사용하세요

면접에서 답변을 할 때는 항상 나만의 스토리를 들려주는 것이 중요합니다. 전공을 선택한 이유에 대해 답변할 때에도 '시험 점수에 맞춰서'라는 식의 수동적인 답변을 하는 사람보다는 '~에 관심이 많아서'라는 식으로 자신만의 스토리를 들려주는 사람이 면접관의 기억에 더 오래 남을 수밖에 없습니다. 'I'm interested in ~'과 같은 밋밋한 표현보다는 다음과 같이 열정을 한껏 드러낼 수 있는 자신만의 스토리를 말해 보세요.

이런 표현들과 함께 쓰여요

I'm passionate about ~ ~에 열정을 가지고 있다

I've always wanted to ~ 항상 ~하고 싶었다

I'm enthusiastic about ~ ~에 열성적이다

I'm drawn to ~ ~에 끌린다

업그레이드해서 응용해 보세요

* **I chose computer science as my major because I'm passionate about finding creative ways to solve problems.**

저는 문제를 해결하는 창의적인 방법을 찾는 데 열정을 가지고 있기 때문에 컴퓨터 과학 전공을 선택했습니다.

* **I chose economics as my major because I've always wanted to help people gain financial stability.**

저는 항상 사람들이 재정적으로 안정될 수 있도록 돕고 싶었기 때문에 경제학 전공을 선택했습니다.

* **I chose nursing as my major because I'm enthusiastic about improving people's lives.**

저는 사람들의 삶을 개선하는 데 열정적이기 때문에 간호학 전공을 선택했습니다.

Unit 3

I usually handle stress by taking breaks.

저는 보통 휴식을 취하면서 스트레스를 대처합니다.

★ 핵심 표현 ★

I usually handle ~ by …

저는 보통 ~을 …으로 대처합니다

A. How do you deal with pressure or stressful situations?
당신은 압박감이나 스트레스 상황에 어떻게 대처하나요?

B. I usually handle stressful situations by taking breaks and meditating.
저는 보통 휴식을 취하고 명상을 하면서 스트레스 상황을 대처합니다.

이렇게 사용하세요

적당한 수준의 스트레스는 동기 부여가 되기도 하고 성장의 동력이 됩니다. 하지만 과부하가 걸리면 번 아웃이 오거나 건강에 문제가 생길 수 있습니다. 이런 상황에 대처할 수 있는 요령이 있어야 회사에서 롱런할 수 있습니다. 건강한 방법으로 스트레스를 풀고 있음을 알려 주세요. 특히 미국에서는 직원 건강과 관련하여 소송이 자주 발생할 만큼 건강이 업무 효율에 큰 영향을 미치는 점을 고려해 직원들이 잘 쉴 수 있도록 무제한 휴가와 같은 복지를 제공하기도 합니다.

이런 표현들과 함께 쓰여요

meditation 명상
exercise 운동
outdoor sports 야외 스포츠
hiking 등산
take a walk 산책을 하다
walk my dog 반려견을 산책시키다
take a step back 한 걸음 물러서다

업그레이드해서 응용해 보세요

* **I usually handle stress by taking a step back and reprioritizing.**
  보통 한 걸음 뒤로 물러서서 우선순위를 다시 정하는 것으로 스트레스를 대처합니다.
* **I manage stress by working out at the gym.**
  저는 헬스장에서 운동하며 스트레스를 관리합니다.
* **I deal with stress by cooking big dinners for friends.**
  저는 친구들을 위해 성대한 저녁 식사를 준비하면서 스트레스를 해소합니다.

Unit 4

My key strength is self-motivation.

저의 핵심 강점은 자기 동기 부여입니다.

★ 핵심 표현 ★

My key strength is ~

저의 핵심 강점은 ~입니다

A. What is your greatest strength?
당신의 가장 큰 강점은 무엇입니까?

B. My key strength is self-motivation.
저의 핵심 강점은 자기 동기 부여입니다.

이렇게 사용하세요

강점과 약점에 대한 질문은 당신의 성격을 파악하기 위함이라기보다는 같이 일하기 힘든 사람을 거르기 위한 의도가 큽니다. 너무 과장되지 않는 선에서 긍정적인 느낌을 줄 수 있도록 답변을 준비해 보세요. 강점에 대해 뒷받침해 줄 수 있는 실제 사례나 경험을 덧붙여 답변하면 더욱 좋습니다. 다시 한번 직무 기술서에서 요구하는 자질을 갖췄음을 강조해 주세요.

이런 표현들과 함께 쓰여요

self-motivation 자기 동기 부여
analytical skills 분석 능력
communication skills 소통 능력
people skills 대인 관계 능력
leadership skills 리더십 능력
ability to work in a team 협업 능력
patience 인내력
expertise 전문성

업그레이드해서 응용해 보세요

* **My key strength is my expertise in cybersecurity.**
  저의 핵심 강점은 사이버 보안에 대한 전문성입니다.
* **I consider my analytical skills to be one of my greatest strengths.**
  저는 제 분석 능력이 저의 가장 큰 강점 중 하나라고 생각합니다.
* **My greatest strength is my communication skills.**
  제 가장 큰 강점은 의사소통 능력입니다.

Unit 5

I sometimes struggle with perfectionism.

저는 가끔 완벽주의로 인해 애를 먹습니다.

★ 핵심 표현 ★

I sometimes struggle with ~

저는 가끔 ~ 때문에 어려움을 겪습니다

A. What is your greatest weakness?
당신의 가장 큰 약점은 무엇입니까?

B. I sometimes struggle with perfectionism, so I have been practicing setting realistic goals and time limits.
저는 가끔 완벽주의로 인해 애를 먹어서 현실적인 목표와 시간제한을 설정하는 연습을 해 왔습니다.

이렇게 사용하세요

"My weakness is ~"라고 문장을 시작해도 틀리진 않지만, 다소 형식적으로 느껴질 수 있어요. "가끔 저의 이러한 점 때문에 애를 먹기도 합니다." 정도로 가볍게 시작을 하고, 이 점을 극복하기 위해 어떤 노력을 하고 있는지 간략하게 설명해 주세요. 회사 생활을 하는 데 있어서 매우 치명적인 약점은 금물! 충분히 극복이 가능한 약점 혹은 이미 많이 극복해 낸 약점을 고민해 보세요.

이런 표현들과 함께 쓰여요

perfectionism 완벽주의
lack of confidence 자신감 부족
lack of experience 경험 부족
inability to say no 거절하지 못함
self-criticism 자기비판
shyness 수줍음
public speaking 대중 연설
taking criticism 비판을 받아들이기

업그레이드해서 응용해 보세요

* **I sometimes struggle with not being able to say no.**
  저는 때때로 거절할 수 없어서 힘들어합니다.

* **I often struggle with public speaking, so I have been practicing it by taking acting classes.**
  저는 종종 대중 연설로 애를 먹어서 연기 수업을 들으며 연습을 하고 있습니다.

* **I sometimes struggle with self-criticism, so I have been practicing focusing on my strengths and being kinder to myself.**
  저는 가끔 자기비판에 시달리곤 해서 제 강점에 집중하고 제 자신에게 친절해지는 연습을 해 왔습니다.

Unit 6

In five years, I hope to be leading larger projects.

5년 후에는 더 큰 프로젝트를 이끌고 싶습니다.

★ 핵심 표현 ★

In five years, I hope to be ~

5년 후에는 ~하고 싶습니다

A. Where do you see yourself in five years?
5년 후에 당신은 무엇을 하고 있을 거라고 생각하시나요?

B. In five years, I hope to be leading larger projects.
5년 후에는 더 큰 프로젝트를 이끌고 싶습니다.

이렇게 사용하세요

미국에서 일반적인 회사 기준, 평균 근속 기간은 약 4년, 개발 직군은 2.5년이라고 합니다. 면접관이 '5년 후의 목표'에 대해 묻는다면 당신이 5년 뒤에도 그 회사에 있을 거라고 기대한다기보다는 당신의 목표가 회사와 일치하는지, 잠깐 스쳐 지나가는 임시직으로 생각하고 있는지 확인차 질문했을 확률이 높습니다. 허무맹랑하지 않은 범위에서 그 회사의 목표와 부합한 목표를 어필해 보세요.

이런 표현들과 함께 쓰여요

manage a team 팀을 관리하다

lead major projects 주요 프로젝트를 주도하다

be recognize as a data science expert 데이터 과학 전문가로 인정받다

work with major clients 주요 고객과 작업하다

업그레이드해서 응용해 보세요

* **In five years, I see myself managing the back-end development team.**
  5년 후 저는 백엔드 개발 팀을 관리하고 있을 겁니다.
* **In five years, I hope to be recognized as a brand strategy expert.**
  5년 후에는 브랜드 전략 전문가로 인정받고 싶습니다.
* **I want to continue advancing my programming skills to become a senior developer.**
  저는 시니어 개발자가 되기 위해 프로그래밍 기술을 계속 발전시키고 싶습니다.

Unit 7

My greatest accomplishment is launching an app.

저의 가장 큰 업적은 앱을 출시한 것입니다.

★ 핵심 표현 ★

My greatest accomplishment is ~

저의 가장 큰 업적은 ~입니다

A. **What is your greatest accomplishment?**
당신의 가장 큰 업적은 무엇입니까?

B. My greatest accomplishment is **launching an educational app.**
제 가장 큰 업적은 교육용 앱을 출시한 것입니다.

이렇게 사용하세요

자신의 가장 큰 업적을 너무 부풀리지 않도록 합니다. 팀의 성과를 모두 본인 혼자서 한 것처럼 기술하는 것도 위험하니 구체적으로 부연 설명을 해 주는 것이 좋습니다. 자신의 업적을 어필할 때는 STAR 기법을 사용해 보세요.

Situation(상황) - 전반적인 상황을 기술
Task(과제) - 나의 책임/역할은 무엇이었는가
Action(행동) - 어떤 행동을 취했는가
Result(결과) - 어떤 결과가 나왔는가 (지표를 포함한다면 플러스 요인)

이런 표현들과 함께 쓰여요

launching an app 앱 출시

leading a successful marketing campaign 성공적인 마케팅 캠페인 주도

volunteering to teach students 학생들을 가르치는 봉사활동

decreasing costs 비용 절감

improving customer retention 고객 유지율 향상

improving customer experience 고객 경험 향상

업그레이드해서 응용해 보세요

* **My greatest accomplishment is volunteering to teach students in rural areas.**
제 가장 큰 업적은 농촌에서 학생들을 가르치는 봉사활동입니다.

* **My greatest accomplishment is helping the project team improve communication.**
제 가장 큰 업적은 프로젝트 팀이 커뮤니케이션을 개선하는 데 도움을 준 것입니다.

* **My greatest accomplishment is decreasing server costs by refactoring the database.**
데이터베이스를 리팩토링하여 서버 비용을 절감한 것이 제 가장 큰 성과입니다.

Unit 8

I have three years of experience working as a developer.

저는 개발자로 3년 동안 일한 경험이 있습니다.

★ 핵심 표현 ★

I have … of experience working as ~

저는 ~로 …년 동안 일한 경험이 있습니다.

A. Can you talk about your work experience?
당신의 직장 경험에 대해 말해 줄 수 있나요?

B. I have three years of experience working as a front-end developer.
저는 프론트 엔드 개발자로 3년 동안 일한 경험이 있습니다.

이렇게 사용하세요

직무 기술서에 있는 직업, 직군과 경력이 일치하는 것이 유리하지만, 혹여 그렇지 않다고 해서 기죽지 마세요. 특정 기술을 가진 사람을 실무에 바로 투입할 경우가 아니라면, 신입의 경우 인턴십이나 봉사활동 등 대외활동 경력을 잘 어필하면 충분히 합격 요인이 될 수 있습니다. 그러니 본인의 경험을 잘 설명할 수 있도록 표현들을 알아 두세요.

이런 표현들과 함께 쓰여요

work as [직군] ~으로 일하다
work for [회사 이름] ~에서 일하다
work in [업계] ~에서 일하다
front/back-end developer 프론트/백 엔드 개발자
localization engineer 현지화 개발자
social media marketer SNS 마케터
content marketer 콘텐츠 마케터
data scientist 데이터 과학자
HR manager 인사과장
accountant 회계사
tech support 기술 지원
quality assurance 품질 보증

업그레이드해서 응용해 보세요

* **I have a year of experience working in tech support.**
  저는 기술 지원팀에서 1년 동안 일한 경험이 있습니다.
* **I worked as a web designer for two years.**
  저는 2년 동안 웹디자이너로 일했습니다.
* **I supported customers with onboarding for a year and a half.**
  저는 1년 반 동안 고객 온보딩을 지원했습니다.

Unit 9

I can contribute my ability to improve customer support.

저는 고객 지원을 개선하는 데 제 능력을 기여할 수 있습니다.

★ 핵심 표현 ★

I can contribute my ability to ~

저는 ~할 수 있도록 제 능력을 기여할 수 있습니다

A. **What can you bring to the company?**
회사에 어떤 가치를 더할 수 있습니까?

B. **I can contribute my ability to improve customer support.**
저는 고객 지원을 개선하는 데 제 능력을 기여할 수 있습니다.

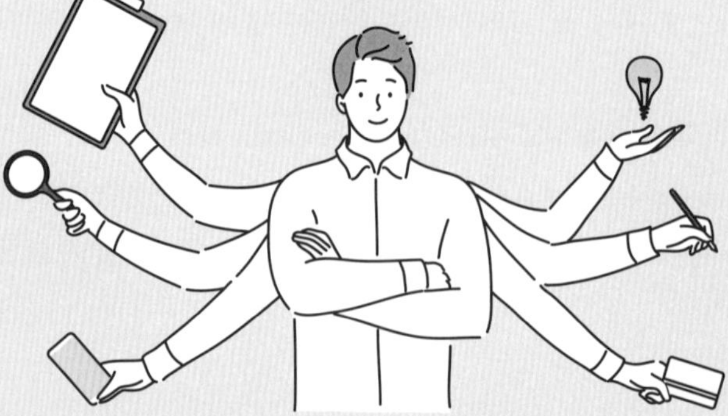

이렇게 사용하세요

면접관이 '바로 이 사람이야!'라고 생각하게 만들 수 있는 매우 중요한 질문입니다. 직무 기술서에 있는 키워드를 십분 활용해서 내가 회사에 어떤 가치를 더할 수 있는지 실제 경험과 연결시켜 답변해 보세요. 과거 경험, 나의 능력, 그리고 태도를 종합하여 답변을 만들면 더욱 좋습니다. 여기서 중요한 것은, 내가 이 팀에 합류함으로써 회사의 어떤 점이 더 나아지는가에 초점을 맞추는 것입니다.

이런 표현들과 함께 쓰여요

deliver the best product 최고의 제품을 출시하다

deliver culture-sensitive localization 문화에 민감한 현지화를 제공하다

streamline the customer onboarding process
고객 온보드 프로세스를 간소화하다

improve the productivity of the team 팀의 생산성을 향상시키다

업그레이드해서 응용해 보세요

* **I can contribute my ability to streamline the customer onboarding process.**
고객의 온보드 프로세스를 간소화하는 데 기여할 수 있습니다.

* **I am eager to contribute my abilities and experience.**
제 능력과 경험을 기꺼이 제공하고 싶습니다.

* **I can bring value to the company by delivering culture-sensitive localization.**
저는 문화에 민감한 현지화를 제공함으로써 회사에 기여할 수 있습니다.

Unit 10

I'm ready for the next challenge.

저는 다음 단계에 도전할 준비가 되어 있습니다.

★ 핵심 표현 ★

I'm ready for/to ~

~할 준비가 되어 있습니다

A. Why are you leaving your current job?
당신은 왜 지금의 직장을 그만두려고 합니까?

B. I'm ready for the next challenge in my career.
제 커리어의 다음 단계에 도전할 준비가 되어 있습니다.

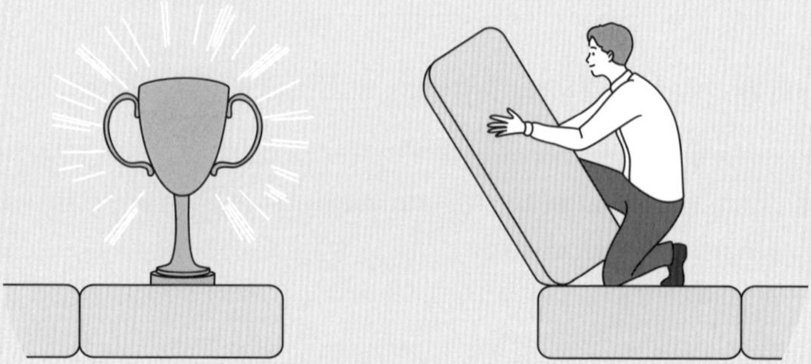

이렇게 사용하세요

'이직 사유'에 대한 질문을 받으면 누구나 당황스럽기 마련입니다. 하지만 '연봉을 높이기 위해서'라는 식의 너무 솔직한 답변 혹은 이전 회사에 대한 불만을 드러내지 말고, 자신의 커리어를 더욱 업그레이드하기 위한 도전이라고 답변하는 것이 좋습니다. 또한 이전 회사를 아직 퇴사하기 전이라면 퇴사 절차를 어떻게 마무리할 예정인지, 퇴사를 하는 데 얼마 동안의 시간이 필요한지 등을 정확하게 말하면 더욱 좋습니다.

이런 표현들과 함께 쓰여요

good terms 좋은 관계, 원만한 관계

resign 퇴사하다

move on 이직하다

career move 직업 전환, 전직

업그레이드해서 응용해 보세요

* **I'm ready to take the next step in my career.**
  이제 제 커리어의 다음 단계로 나아갈 준비가 되었습니다.
* **I'm ready to join a company where I can fully use my abilities and grow.**
  제 능력을 충분히 발휘하고 성장할 수 있는 회사에 입사할 준비가 되어 있습니다.
* **I left my previous company on good terms.**
  이전 회사에서 좋은 관계로 떠났습니다.
* **Unfortunately, I was impacted by the company's restructuring.**
  불행하게도 저는 회사 구조 조정의 영향을 받게 되었습니다.

작문 챌린지

Part 1에서 배운 핵심 표현을 활용하여 우리말에 맞는 문장을 써 보세요.

1 제 경력을 키울 기회를 갖고 싶습니다.

____

2 저는 데이터 분석에 열정을 가지고 있기 때문에 이 전공을 선택했습니다.

____

3 저는 보통 휴식을 취하면서 스트레스를 대처합니다.

____

4 저의 핵심 강점은 자기 동기 부여입니다.

____

5 저는 가끔 완벽주의로 인해 애를 먹습니다.

____

정답 확인

1 I want the opportunity to advance my career.
2 I chose my major because I'm passionate about data analysis.
3 I usually handle stress by taking breaks.
4 My key strength is self-motivation.
5 I sometimes struggle with perfectionism.

6 5년 후에는 더 큰 프로젝트를 이끌고 싶습니다.

7 저의 가장 큰 업적은 앱을 출시한 것입니다.

8 저는 개발자로 3년 동안 일한 경험이 있습니다.

9 저는 고객 지원을 개선하는 데 제 능력을 기여할 수 있습니다.

10 저는 다음 단계에 도전할 준비가 되어 있습니다.

6 In five years, I hope to be leading larger projects.
7 My greatest accomplishment is launching an app.
8 I have three years of experience working as a developer.
9 I can contribute my ability to improve customer support.
10 I'm ready for the next challenge.

Part 1. Bonus

면접 시 알아야 할 빈출 질문 리스트

❶ Could you introduce yourself?	자기소개해 주시겠어요?
❷ How did you hear about this position?	이 자리에 대해 어떻게 알게 되었나요?
❸ Why did you decide to apply for this position? / What interests you about this role?	지원 동기가 어떻게 되나요?
❹ Why did you choose your major?	이 전공을 선택한 이유는 무엇입니까?
❺ What are your greatest strengths?	당신의 가장 큰 강점은 무엇입니까?
❻ What is your greatest weakness?	당신의 가장 큰 약점은 무엇입니까?
❼ What is your greatest accomplishment?	당신의 가장 큰 업적은 무엇입니까?
❽ Can you tell me about a difficult work situation and how you overcame it?	힘든 업무 상황과 이것을 어떻게 극복했는지 말씀해 주시겠어요?
❾ Where would you like to be in your career five years from now?	5년 후에 당신은 무엇을 하고 있을 거라고 생각하시나요?
❿ What do you know about our company/organization?	우리 회사/조직에 대해 무엇을 알고 계십니까?

⑪ **Why should we hire you? / What can you bring to the company? / Why are you the right person for this job?**	왜 당신이 이 일에 적임자인가요?
⑫ **Why are you leaving your current job?**	왜 지금의 직장을 그만두려고 하시나요?
⑬ **What did you like least about your last position?**	전 직장에서 가장 마음에 들지 않았던 점은 무엇입니까?
⑭ **Can you explain these gaps in your résumé?**	경력 공백이 있는데 설명해 줄 수 있나요?
⑮ **How would your boss/manager/colleagues describe you?**	당신의 상사/매니저/동료들은 당신을 어떻게 평가할까요?
⑯ **How do you handle stress?**	당신은 스트레스에 어떻게 대처하나요?
⑰ **Tell me about a mistake you've made. How did you handle it?**	당신이 저지른 실수에 대해 말해 주세요. 어떻게 처리하셨나요?
⑱ **Tell me about a challenge or conflict you faced at work. How do you handle it?**	직장에서 경험한 힘든 일이나 갈등에 대해 얘기해 주세요. 어떻게 해결하나요?
⑲ **What salary are you seeking? / What is your salary range expectation?**	연봉은 어느 정도로 생각하고 계신가요?
⑳ **Do you have any questions?**	(마지막으로) 질문 있나요?

Part 2

BUSINESS ENGLISH

회사에 빠르게 적응하는 온보딩

회사에 빠르게 적응하는 방법 5가지

- ☑ 모르는 것은 주변 동료들에게 적극적으로 물어보기
- ☑ 나를 도와줄 수 있는 사람들과 친해지기
- ☑ 형식적으로라도 스몰토크는 필수
- ☑ 사내 가이드 및 복리후생은 미리 파악해 놓기
- ☑ 먼저 인사하기

Unit 11

Hi, I'm Jihye. I also go by Joy.

안녕하세요, 저는 지혜입니다. 조이라고도 불립니다.

★ 핵심 표현 ★

I also go by ~

저는 ~라고도 불립니다

A. Hi, you must be the new intern.
안녕하세요, 당신이 그 새로 온 인턴이군요.

B. Hi, I'm Jihye. I also go by Joy.
안녕하세요, 전 지혜입니다. 조이라고도 불려요.

이렇게 사용하세요

실리콘밸리에는 다양한 인종들이 모여 있고 그만큼 다양한 이름이 있습니다. 따라서 본인 이름을 줄이거나 약자로 소개하는 사람들도 종종 있어요. 예를 들어 Kamaldeep이란 이름에서 앞의 Kamal 부분만 따기도 하고, Jinsuk을 Jin으로 부르기도 합니다. 이름 때문에 겪을 수 있는 어려움을 최소화하기 위해 별명을 만드는 것이죠. 요즘은 고객 응대 팀이 아닌 이상 본명을 그대로 사용하는 추세이긴 하지만, 이름 때문에 불편한 상황이 생길 것 같다면 본명과 연관된 부르기 쉬운 별명을 만드는 것을 추천합니다.

이런 표현들과 함께 쓰여요

preferred name 불리기를 원하는 이름

nickname 별명

legal name 법적인 이름

social security number (SSN) 주민번호(미국)

identification document 신분증

업그레이드해서 응용해 보세요

* **My name is Hyuk Jun. You can call me June.**

제 이름은 혁준입니다. 저를 준이라고 불러도 됩니다.

* **I'm ChanKyu. You can call me CK for short.**

제 이름은 찬규입니다. 줄여서 CK라고 불러도 됩니다.

* **I'm Hajin. You can call me Jin if you'd like.**

저는 하진입니다. 원하면 진이라고 불러도 좋아요.

Unit 12

I'm sorry, I didn't catch your name.

죄송해요, 성함을 못 알아들었어요.

★ 핵심 표현 ★

I didn't catch ~

~을 놓쳤습니다 / ~을 못 알아들었습니다

A. Hi, my name is Tatyana.
안녕하세요. 제 이름은 타티아나입니다.

B. I'm sorry, I didn't catch your name.
죄송합니다만 제가 성함을 못 들었습니다.

이렇게 사용하세요

출근 첫날, 새로운 동료들과 인사만 수십 번을 하면서 다양한 이름과 발음을 접하게 됩니다. 한 번 듣고 바로 뇌에 새길 수 있다면 좋겠지만 분명히 놓치게 되는 이름들도 있을 것입니다. 그럴 땐 끙끙 앓지 말고 그 자리에서 바로 이름을 다시 물어보세요. 한참 시간이 흘러 이름을 잘못 부른다면 더 섭섭할 테니까요.

이런 표현들과 함께 쓰여요

new addition to the team 새로 팀에 합류한 입사자

new hire 신규 채용자

onboard 온보드

org chart 조직도

offer letter 오퍼 레터, 입사 제안서

anti-harassment training 괴롭힘 방지 교육

업그레이드해서 응용해 보세요

* **I didn't catch the last sentence.**
  마지막 문장을 못 알아들었습니다.
* **I didn't catch your name. Could you repeat it?**
  성함을 못 알아들었어요. 다시 한번 말씀해 주시겠어요?
* **Could you repeat your name again for me?**
  성함을 다시 한번 말씀해 주시겠어요?
* **Would you mind saying your name again?**
  성함을 다시 한번 말씀해 주시겠습니까?

Unit 13

Who should I talk to about technical issues?

기술적인 문제는 누구와 얘기해야 하나요?

★ 핵심 표현 ★

Who should I talk to about ~?

~은 누구와 얘기해야 하나요?

A. Were you able to get settled in okay?
업무 세팅은 잘 마치셨나요?

B. I'm having trouble logging in. Who should I talk to about technical issues?
로그인하는 데 문제가 있습니다. 기술적인 문제는 누구와 얘기해야 하나요?

이렇게 사용하세요

온보딩 체계가 잘 갖춰진 기업이 아니라면 출근 첫 주에는 사내 시스템 로그인 등 여러 가지 문제에 봉착하게 될 수 있습니다. 이럴 때 go-to-person(해결사)들을 잘 알아 두면 회사 생활에 두고두고 이득이 됩니다. 온보딩 과정에서 문제가 생겼을 때는 혼자서 끙끙 앓지 말고 해결사를 찾아 네트워크를 만들어 두세요. 그렇게 잘 만들어진 네트워크가 앞으로의 회사 생활을 더욱 윤택하게 만들어 줄 거예요.

이런 표현들과 함께 쓰여요

account log in 계정 로그인
technical issue 기술적 문제
benefits 복리후생
parking permit 주차 허가
payroll 급여
taking time off 연차 사용
VPN access VPN 접속
software purchase 소프트웨어 구매
pet policy 반려동물 정책
daycare 유치원

업그레이드해서 응용해 보세요

* **Who should I talk to about parking permits?**
주차 허가에 대해 누구와 얘기해야 합니까?

* **Who should I talk to about software purchases?**
소프트웨어 구매에 대해 누구와 얘기해야 합니까?

* **Can someone help me with the email login?**
누가 이메일 로그인 좀 도와줄 수 있나요?

* **Where can I get more information about benefits?**
복지에 대한 자세한 정보는 어디에서 얻을 수 있나요?

* **Can I get reimbursed for software purchases?**
소프트웨어 구매 비용을 환급받을 수 있나요?

Unit 14

Let me show you around the office.

제가 사무실을 안내해 드릴게요.

★ 핵심 표현 ★

show someone around ~

~을 …에게 안내하다

A. Hi, I'm the new intern. I just started a week ago.
안녕하세요. 제가 그 새로 온 인턴입니다. 일주일 전에 막 시작했어요.

B. Great! Let me show you around the campus.
좋아요! 제가 회사 안내해 드릴게요.

이렇게 사용하세요

입사 첫날, 회사 구석구석 안내해 주는 사람이 있다면 정말 고맙겠죠? 택배가 온다면 어디서 픽업을 할 수 있는지, 커피를 내려 마실 수 있는 탕비실은 어디인지, 사소하지만 꼭 알아야 하는 장소들을 소개해 주는 그 사람은 아마도 오래 기억에 남을 겁니다. 나중에 내 뒤로 신입 사원이 입사했을 때 이 표현을 사용하면서 회사를 소개해 보세요.

이런 표현들과 함께 쓰여요

snack bar 스낵바, 간이식당
meeting room 회의실
break room 휴게실
reception area 로비
mailroom 우편실
pantry 탕비실
campus 회사 건물 부지

업그레이드해서 응용해 보세요

* **Could you show me around the facilities?**
  시설을 구경시켜 주시겠습니까?
* **Jim, could you show Ji Won around the office?**
  짐, 지원에게 사무실 안내를 해 주시겠어요?
* **How was your trip here? Let me show you around the city.**
  오는 길은 어떠셨나요? 제가 시내 구경을 시켜 드릴게요.
* **Let me show you around the building.**
  건물 안내를 해 드리겠습니다.
* **Make sure to have your access card with you at all times.**
  출입 카드는 항상 소지하고 계셔야 합니다.

Unit 15

How do you usually have lunch?

보통 점심은 어떻게 해결하나요?

★ 핵심 표현 ★

How do you usually ～?

보통 ～은 어떻게 하나요?

A. How do you usually have lunch?
보통 점심은 어떻게 해결하나요?

B. I usually bring my own lunch and eat at my desk.
저는 보통 점심을 싸 와서 책상에서 먹어요.

이렇게 사용하세요

구내식당이 있는 경우 팀이나 부서별로 모여서 먹는 경우도 있지만, 도시락을 싸 와서 책상에서 혼자 먹는 광경도 흔하게 볼 수 있습니다. 특히 미국에서는 책상에서, 카페테리아에서 혼자 점심을 먹는다고 해도 아무도 이상하게 생각하지 않습니다. 그래도 입사하고 첫 달은 "같이 점심 드실 분?"이라고 묻는다면 따라가 보세요. 맛집도 알아낼 수 있고 무엇보다 회사 돌아가는 이야기를 생생하게 들을 수 있을 거예요.

이런 표현들과 함께 쓰여요

commute 출퇴근하다

office pantry / micro-kitchen / kitchenette 탕비실

cafeteria 구내식당

leftovers 남은 음식

업그레이드해서 응용해 보세요

* **How do you usually commute?**
  보통 출퇴근은 어떻게 하시나요?
* **How do you usually spend your weekends?**
  주말은 보통 어떻게 보내시나요?
* **Do you pack your own lunch?**
  점심은 직접 챙겨 오시나요?
* **I'm going to the cafeteria. Does anyone want to join?**
  카페테리아에 갈 거예요. 같이 가실 분?
* **Do you want me to bring you back something?**
  뭐 좀 갖다 드릴까요?

Unit 16

Could you give me information about the 401K?

퇴직 연금에 대한 정보를 주실 수 있을까요?

★ 핵심 표현 ★

Could give me information about ~?

~에 대한 정보를 주실 수 있을까요?

A. **Hi, how can I help you?**
안녕하세요. 무엇을 도와드릴까요?

B. **Could you give me information about the 401K?**
퇴직 연금에 대한 정보를 주실 수 있을까요?

이렇게 사용하세요

회사에서는 다른 팀 동료들에게 물어봐야 할 정보들이 많습니다. 특히 급여나 복지 관련해서 인사팀 혹은 총무팀과 소통해야 할 일이 많을 텐데요. 회사에서 제공하는 가이드를 먼저 꼼꼼히 읽어 본 후, 그래도 해결되지 않는 궁금증이 있다면 담당자를 찾아가 관련 정보를 요청해 보세요.

이런 표현들과 함께 쓰여요

health insurance 건강 보험
401K 퇴직 연금
severance package 퇴직금 패키지
travel expense 출장 경비
time off policies 휴가 정책
paid time off (PTO) 유급 휴가
national holiday 국경일
rollover 이월
use it or lose it 사용하지 않으면 소멸하는 정책
accrued vacation hours 누적 휴가 시간

업그레이드해서 응용해 보세요

* **Could you give me information about the health insurance?**
  건강 보험에 대한 정보를 주실 수 있을까요?
* **Does the PTO roll over if I don't use them this year?**
  유급 휴가를 올해 안 쓰면 내년으로 이월되나요?
* **Where can I see my accrued vacation hours?**
  누적된 휴가 시간은 어디서 볼 수 있나요?
* **How do I submit my travel expenses?**
  출장 경비는 어떻게 제출하나요?
* **Could you give me information about time off policies?**
  휴가 정책에 대한 정보를 알려 주실 수 있나요?

Unit 17

I'm almost done with the meeting minutes.

회의록 작성이 거의 다 끝났어요.

★ 핵심 표현 ★

I'm almost done with ~

~가 거의 다 끝났어요.

A. Where are we with the follow-up tasks?
후속 작업은 어떻게 진행되고 있습니까?

B. Could you give me an hour? I'm almost done with the meeting minutes.
한 시간만 더 주시겠어요? 회의록 작성이 거의 다 끝났습니다.

이렇게 사용하세요

수많은 약자, 전문 용어들이 난무하는 회의 시간. 좀 더 빨리 팀에 녹아들 수 있도록 신입 사원에게 회의록 작성을 맡기는 경우가 종종 있습니다. 참석자, 안건, 액션 아이템 등 빠르고 정확하게 정리를 해서 공유해야 하는 고강도 작업입니다. 타이핑을 하다가 중요한 내용을 놓칠 수도 있으니 녹음은 필수! 녹음 파일을 텍스트로 전환해 주는 서비스(Speech-to-Text), 또는 AI 비서를 적극 활용하고, 모르는 내용은 동료에게 꼭 물어보고 최종적으로 확인해 달라고 부탁하세요.

이런 표현들과 함께 쓰여요

meeting minutes 회의록
attendees 참석자
purpose 목적
handout 유인물
topics discussed 토의된 주제
action items 액션 아이템
agenda items 의제 항목

업그레이드해서 응용해 보세요

* **Could you help me review the meeting minutes?**
  회의록을 검토하는 것을 도와주실 수 있나요?
* **I missed the names of the meeting attendees.**
  회의 참석자들의 이름을 놓쳤어요.
* **I'm almost done with the email.**
  이메일을 거의 다 썼어요.
* **I'm almost done with the slides.**
  슬라이드가 거의 완성되었습니다.
* **I'll show you the draft this afternoon.**
  오늘 오후에 초안을 보여 드리겠습니다.

Unit 18

I'm slowly getting the hang of it.

조금씩 감을 잡고 있어요.

★ 핵심 표현 ★

get the hang of ~

~의 감을 잡다/파악하다

A. How are you settling in?

적응은 잘하고 있나요?

B. Yes, I'm slowly getting the hang of it.

네, 조금씩 감을 잡고 있어요.

이렇게 사용하세요

누군가가 당신이 잘 적응하고 있는지 안부를 묻는다면 정말 고마울 거예요. 특히 당신의 상사라면 당신이 회사에, 팀에 잘 적응하고 있는지 궁금할 겁니다. 100% 잘 적응했다고 말하기엔 부족하고, 잘 적응하지 못하고 있다고 말하기엔 걱정된다면 '조금씩 감을 잡고 있다'라고 말해 보면 어떨까요? 상대방은 당신이 노력하고 있다고 생각할 겁니다. 같은 말을 상대방이 듣기 좋게 말하는 것도 사회생활의 팁이랍니다.

이런 표현들과 함께 쓰여요

framework 체계, 체제
remote work 원격 근무
workflow/logistics 업무 절차
branding guide 브랜드 가이드
jargon 전문 용어
acronym 약자

업그레이드해서 응용해 보세요

* **I'm slowly getting the hang of the framework.**
  천천히 그 체계를 파악하고 있어요.
* **I'm getting the hang of the process.**
  그 과정의 요령을 터득하고 있습니다.
* **I'm still getting to grips with remote working.**
  원격 근무에 아직 익숙해지는 중입니다.
* **I'm getting used to the new workflow.**
  새로운 작업 방식에 익숙해지고 있습니다.
* **I'm getting familiar with the branding guide.**
  브랜드 가이드에 익숙해지고 있습니다.

Unit 19

Can you bring me up to speed?

파악할 수 있게 설명 좀 해 줄 수 있어요?

★ 핵심 표현 ★

bring ~ up to speed

~에게 상황을 이해시키다

A. Are you ready for the sales call?
영업 상담에 응할 준비가 되었습니까?

B. I didn't get any information on the deal. Can you bring me up to speed?
그 거래에 대한 정보가 하나도 없어요. 파악할 수 있게 설명 좀 해 줄 수 있어요?

이렇게 사용하세요

프로젝트가 시작되는 단계에 투입이 될 수도 있지만, 이미 진행되고 있는 프로젝트에 중간 투입이 되는 경우도 있습니다. 그렇다면 프로젝트 진행 상황에 대해 모르는 부분이 있을 수밖에 없죠. 먼저 프로젝트를 진행하고 있는 사람들은 당신이 어떤 부분을 캐치하지 못했는지 모를 수도 있을 테니 알려 줄 때까지 무작정 기다리기만 하지 말고 적극적으로 프로젝트 진행 상황에 대해 업데이트를 부탁해 보세요. 이메일이나 문서만으로는 알 수 없는 중요한 이야기를 들을 수 있을 겁니다.

이런 표현들과 함께 쓰여요

revenue 수익
deal 거래
discount 할인
budget 예산
sales metrics 영업 지표
sales forecast 매출 전망
email automation 이메일 자동화

업그레이드해서 응용해 보세요

* **Can you give me updates on the deal?**
그 거래 건에 대한 소식 좀 알려 주시겠어요?

* **Could you elaborate?**
좀 더 자세히 말씀해 주시겠어요?

* **Could you explain the process to me?**
그 과정을 제게 설명해 주시겠습니까?

* **Could you tell me where I can look up this information?**
이 정보를 어디서 찾을 수 있는지 알려 주시겠어요?

* **Could you fill me in?**
제게 설명 좀 해 주시겠어요?

Unit 20

Could you point me in the right direction?

제가 어떻게 해야 할지 조언 좀 해 주실 수 있을까요?

★ 핵심 표현 ★

point ~ in the right direction

~에게 조언을 주다

A. I'm not sure how to proceed with the sales projection numbers. Could you point me in the right direction?

판매 예상치를 어떻게 할지 모르겠습니다. 조언 좀 해 주실 수 있을까요?

B. Sure, I have a template I can share with you.

물론이죠, 템플릿을 공유해 드릴게요.

이렇게 사용하세요

곤란한 상황에서 조언을 구할 때 사용하는 표현입니다. 어떤 분야를 먼저 경험했거나 더 많이 경험한 선배에게 조언을 받으면 아무래도 일을 할 때 많은 도움이 되겠죠. 누군가의 조언이 필요할 때는 정중하게 조언을 구하고, 조언을 받으면 꼭 감사의 인사도 잊지 마세요.

이런 표현들과 함께 쓰여요

counsel (법률가 등 전문가에 의한) 조언

assistance 도움

consult 자문을 하다

seek advice 자문을 구하다

업그레이드해서 응용해 보세요

* **We're building a service that can help point people in the right direction when they look for jobs.**
  우리는 사람들이 일자리를 찾을 때 올바른 방향을 안내할 수 있도록 도와주는 서비스를 구축하고 있다.

* **Could you point us in the right direction so we can get our project funded?**
  프로젝트에 자금을 댈 수 있도록 조언을 좀 해 주실 수 있을까요?

* **Thankfully, Mr. Cheng was able to point me in the right direction.**
  고맙게도 쳉 씨께서 옳은 방향으로 안내해 주셨습니다.

* **We can point you in the right direction to get help.**
  당신이 도움을 받을 수 있도록 안내해 드릴 수 있습니다.

* **Could you point me to the right person?**
  담당자를 알려 주실 수 있을까요?

작문 챌린지

Part 2에서 배운 핵심 표현을 활용하여 우리말에 맞는 문장을 써 보세요.

1 안녕하세요, 저는 지혜입니다. 조이라고도 불러도 됩니다.

____

2 죄송해요, 마지막 문장을 못 알아들었어요.

____

3 기술적인 문제는 누구와 얘기해야 하나요?

____

4 건물 안내를 해 드리겠습니다.

____

5 보통 점심은 어떻게 해결하나요?

____

정답 확인

1 Hi, I'm Jihye. You can call me Joy.
2 I'm sorry, I didn't catch the last sentence.
3 Who should I talk to about technical issues?
4 Let me show you around the building.
5 How do you usually have lunch?

6 건강 보험에 대한 정보를 주실 수 있을까요?

---

7 이메일 거의 다 썼어요.

---

8 조금씩 감을 잡아가고 있어요.

---

9 파악할 수 있게 설명 좀 해 줄 수 있어요?

---

10 제가 어떻게 해야 할지 조언 좀 해 주실 수 있을까요?

---

6 Could you give me information about the health insurance?
7 I'm almost done with the email.
8 I'm slowly getting the hang of it.
9 Can you bring me up to speed?
10 Could you point me in the right direction?

입사자가 알아야 하는 필수 용어

① **employee handbook**	직원 안내 책자
② **company policies**	사규/회사 방침
③ **company culture**	기업 문화
④ **salary negotiation**	연봉 협상
⑤ **signature**	서명
⑥ **paperwork**	서류 작업
⑦ **NDA** (Non Disclosure Agreement)	기밀 유지 합의서
⑧ **hand over**	인수인계하다
⑨ **take over**	인수인계 받다
⑩ **backfill**	후임
⑪ **implicit rule**	암묵적인 규칙

⑫ **employee training**	직원 연수
⑬ **benefits**	회사 복지
⑭ **emergency contact**	비상 연락처
⑮ **time off request**	연차, 병가, 휴가 신청
⑯ **PTO (paid time off)**	유급 휴가
⑰ **relocation costs**	이전 비용
⑱ **payroll**	급여 대상자 명단
⑲ **insurance**	보험
⑳ **direct deposit**	계좌 입금
㉑ **person in charge**	담당자
㉒ **org (organization) chart**	조직도

Part 3

BUSINESS ENGLISH

회사 생활에서 꼭 필요한 미팅 스킬

미팅 고수의 지침

- ☑ 미팅 시작하기 전에 안건 공유하기
- ☑ 일정 꼼꼼하게 확인하기
- ☑ 두괄식으로 말하기
- ☑ 나의 의견을 적극적으로 말하기
- ☑ 거절, 보류, 승인, 찬성에 대한 완곡한 표현 알아 두기

Unit 21

When is the best time to reach you?

연락하기 가장 좋은 시간은 언제인가요?

★ 핵심 표현 ★

When is the best time ~?

~하기에 언제가 가장 좋으세요?

A. **When is the best time to reach you?**
연락하기 가장 좋은 시간은 언제인가요?

B. **Now is good.**
지금 좋아요.

이렇게 사용하세요

어떤 사안에 대해 팀원과 이야기해야 한다면 미팅을 잡아야겠죠? 무턱대고 아무 때나 일정을 잡아 미팅 초대장을 보낸다면 상대방은 당황스러울 수 있습니다. 미팅을 잡기 전 상대방에게 언제가 가장 편한 시간인지 물어보고, 미팅을 하기에 가장 좋은 시간을 협의해 보세요.

이런 표현들과 함께 쓰여요

immediately 즉시
right away 당장
around the clock 24시간 내내
day after tomorrow 모레
this friday 이번 주 금요일
last friday 지난 금요일

업그레이드해서 응용해 보세요

* **When is the best time for you?**
어느 시간이 좋으세요?

* **Please let me know when the best time is for you.**
당신에게 가장 좋은 시간이 언제인지 알려 주세요.

* **When are you free to talk?**
언제 대화 가능하세요?

* **Do you have a time in mind?**
생각한 시간 있으세요?

* **My schedule is full this week. What's your availability next week?**
이번 주는 스케줄이 꽉 찼어요. 다음 주에 시간이 어떻게 되나요?

Unit 22

I'm sorry, something's come up.

죄송합니다, 갑자기 일이 생겼어요.

★ 핵심 표현 ★

Something's come up.

갑자기 일이 생겼어요.

A. I'm sorry, Jane. Something's come up. Can we change our lunch meeting to another day?

죄송합니다, 제인 씨. 갑자기 일이 생겨서요, 오늘 점심 미팅을 다른 날로 바꿀 수 있을까요?

B. Of course. No worries.

물론이죠. 걱정 마세요.

이렇게 사용하세요

약속된 일정은 반드시 지켜야겠지만 예기치 못한 갑작스러운 일이 생길 수도 있죠. 그럴 때 이 표현으로 상대방에게 운을 띄우고 스케줄 변동이 가능한지 물어보세요. 덧붙여, 어떤 사유로 스케줄을 변동하고자 하는지도 말해 주면 상대방이 더 너그럽게 이해해 주지 않을까요?

이런 표현들과 함께 쓰여요

family emergency 가족 비상사태

work emergency 긴급한 일

doctor's appointment 병원 예약

stomach issues 복통

migraine 편두통

업그레이드해서 응용해 보세요

* **I have a family emergency.**
  집에 급한 일이 생겼어요.
* **There's been a schedule mix-up.**
  일정에 착오가 있었습니다.
* **There's been an emergency at the office.**
  회사에 급한 일이 생겼어요.
* **I've come down with flu.**
  독감에 걸렸어요.
* **I'm feeling under the weather.**
  몸이 좀 안 좋아요.

Unit 23

Let's reschedule our meeting.

회의 일정을 다시 잡읍시다.

★ 핵심 표현 ★

reschedule the meeting

회의 일정을 다시 잡다

A. Let's reschedule our meeting.
회의 일정을 다시 잡읍시다.

B. Did something come up?
무슨 일이 있나요?

이렇게 사용하세요

회의에 참석하는 사람의 수가 많을수록 일정 변동 가능성도 높습니다. 다른 회의와 겹쳐서, 외근을 가게 되어서, 급한 업무가 생겨서 등 여러 가지 상황들이 발생할 수 있기 때문이죠. 불가피하게 회의 일정을 변동해야 한다면 회의에 참석하는 사람들 모두에게 양해를 구하고, 업데이트된 일정을 정확하게 공유해 주세요.

이런 표현들과 함께 쓰여요

reschedule 스케줄 재조정
put off the schedule 일정을 미루다
push back the schedule 일정을 미루다
move up the schedule 일정을 당기다
double booked 이중으로 약속이 잡히다

업그레이드해서 응용해 보세요

* **Unfortunately, I will need to reschedule.**
  안타깝게도 일정을 변경해야 할 것 같습니다.
* **Let's postpone the meeting.**
  회의를 연기합시다.
* **I apologize for any inconvenience this may cause.**
  불편을 끼쳐 드려 죄송합니다.
* **I ended up double-booked tomorrow with several long meetings.**
  내일 긴 회의 건들로 이중 약속이 잡히게 되었어요.

Unit 24

Are we still on for our 10 AM meeting?

우리 10시에 회의하는 거 맞나요?

★ 핵심 표현 ★

Are we still on for ~?

우리 ~하는 거 맞나요?

A. Josh asked to see me tomorrow morning.
조시가 내일 아침에 보자고 했어요.

B. Tomorrow morning? Are we still on for our 10 AM meeting?
내일 아침이요? 우리 10시에 회의하는 거 맞나요?

이렇게 사용하세요

상대방과 미팅 약속을 잡고 바로 일정표에 확정을 해 놓지 않으면 약속 시간과 장소를 잊어버리는 경우가 있습니다. 이럴 땐 "우리가 2시에 보기로 한 게 맞나요?" 혹은 "우리가 1층에서 보기로 한 게 맞나요?"라고 확실하게 재확인하는 것이 좋습니다. 약속 시간과 장소를 잊어버린 경우가 아니더라도 약속 전날 확인차 문자로 한 번 더 리마인드를 해 주는 것도 좋습니다.

이런 표현들과 함께 쓰여요

right on time 딱 제시간에
show up 나타나다
punctual 시간을 지키는, 엄수하는
around noon 대략 정오쯤
this Friday 이번 주 금요일
upcoming Monday 다가오는 월요일
day after tomorrow 모레

업그레이드해서 응용해 보세요

* **Are we still on for the work trip next month?**
  우리 다음 달에 출장 가는 거 맞죠?
* **Are we still good for this Friday?**
  이번 주 금요일 약속은 괜찮은 거죠?
* **Does our appointment still suit your schedule?**
  우리 약속이 여전히 당신의 일정에 맞는 거죠?
* **Are we set for tomorrow's lunch?**
  우리 내일 점심 정해진 거죠?
* **Is the meeting still on?**
  회의 약속 아직 유효한 거죠?

Unit 25

We need to touch base with the design team.

디자인 팀과 이야기할 필요가 있어요.

★ 핵심 표현 ★

touch base with ~

~와 연락하다

A. What was the meeting about?
무엇에 대한 회의였나요?

B. There's going to be a big UI change. We need to touch base with the design team first thing tomorrow.
UI에 큰 변화가 있을 겁니다. 내일 제일 먼저 디자인 팀과 이야기할 필요가 있어요.

이렇게 사용하세요

'touch base'는 야구에서 사용하는 용어를 빌려 쓴 표현으로, 베이스를 밟아야 전진할 수 있는 룰에서 따온 관용구입니다. 업무상 업데이트를 하거나 오랜만에 연락할 때 사용하는 표현입니다. 그밖에 '연락하다'라는 의미의 다양한 표현과 뉘앙스를 알아 두면, 필요할 때 적절하게 사용할 수 있습니다.

이런 표현들과 함께 쓰여요

contact 연락하다
check in 확인하다
check out 살펴보다
check with ~ ~와 확인하다
request 요청하다

업그레이드해서 응용해 보세요

* **I'll touch base with you early next week.**
  다음 주 초에 연락드리겠습니다.

* **I need to touch base with you about readjusting our schedule.**
  우리 일정을 재조정하는 것에 대해 이야기해야 합니다.

* **Let's touch base when I come back from the trip.**
  여행에서 돌아오면 이야기합시다.

* **Let's touch base over a conference call.**
  컨퍼런스 콜(전화/화상회의)로 연락합시다.

* **Let's check with the accounting department before making the submission.**
  제출하기 전에 회계 부서에 확인해 보도록 합시다.

Unit 26

What are your thoughts on the new OKR?

새로운 OKR에 대해 어떻게 생각하세요?

★ 핵심 표현 ★

What are your thoughts on ~?

~에 대해 어떻게 생각하세요?

A. What are your thoughts on **the new OKR?**
새로운 OKR에 대해 어떻게 생각하세요?

B. Honestly, I think the numbers are too exaggerated.
솔직히 숫자가 너무 과장된 것 같아요.

이렇게 사용하세요

미국 회의 시간은 대체적으로 매우 시끄러운 편입니다. 각자의 생각을 거리낌 없이 말을 하기 때문이죠. 회의 시간에 말을 아끼면 존재감을 잃을 수도 있으니 회의 주제에 대한 의견을 적극적으로 이야기하고, 상대방의 생각이 어떠한지도 물어보세요. 적극적인 의견 교환이 중요합니다.

이런 표현들과 함께 쓰여요

OKR (Objectives and Key Results)
목표와 핵심 결과. 조직의 목표와 그 목표를 달성하는 데 필요한 단계의 역할을 하는 결과물을 의미

KPI (Key Performance Indicator) 핵심 성과 지표

performance review 성과 평가

performance evaluation 성과 평가

skills assessment 기술 평가

업그레이드해서 응용해 보세요

* **What are your thoughts on the updated process?**
업데이트된 프로세스에 대한 당신의 생각은 어떻습니까?

* **What are your thoughts on the issue?**
그 문제에 대한 당신의 생각은 어떻습니까?

* **What are your views?**
어떻게 생각하세요?

* **What's your take on it?**
그것에 대해 어떻게 생각하세요?

Unit 27

Let's go back to the drawing board.

처음부터 다시 시작합시다.

★ 핵심 표현 ★

go back to the drawing board

처음부터 다시 시작하다

A. We should review our progress before deciding our next move.
다음 단계를 결정하기 전에 진행 상황을 검토해야 합니다.

B. The previous marketing campaign was a big flop. Let's go back to the drawing board.
이전의 마케팅 캠페인은 큰 실패였어요. 처음부터 다시 시작합시다.

이렇게 사용하세요

'drawing board(제도판)'를 처음 들으면 '우리 회사에 그런 시설이 있었나?' 하고 생각하게 될 텐데요. 'go back to the drawing board'라고 하면 처음부터 다시 시작하자는 뜻입니다. 열심히 준비한 프로젝트가 실패하거나 예상한 성과가 나지 않았을 때 좌절하지 말고 팀원들에게 이렇게 말해 보세요.

이런 표현들과 함께 쓰여요

flop/failure 실패

brainstorm 머리를 모으다

design sprint
Google Ventures에서 개발한 '제품 개발/개선 방안'으로, 빠른 시간 안에 문제 설정, 해결까지의 간단한 프로토타입을 만드는 기간 (5일 이내)

hackathon design sprint처럼 코드를 통한 문제 해결 기능 개발 기간 (3일 이내)

업그레이드해서 응용해 보세요

* **The manager asked us to go back to the drawing board.**
  매니저는 우리에게 처음부터 다시 시작하라고 요청했습니다.

* **We need to reevaluate our approach. Let's conduct a design sprint next month.**
  우리의 접근 방식을 다시 평가해야 합니다. 다음 달에 디자인 스프린트를 합시다.

* **Joe's going back to the drawing board on this campaign.**
  조는 이 캠페인을 처음부터 다시 시작하려고 해요.

* **Let's revisit our initial ideas.**
  초기 아이디어를 다시 한번 살펴봅시다.

Unit 28

I totally agree with you.

전적으로 동의합니다.

★ 핵심 표현 ★

I totally agree with ~

~에 전적으로 동의합니다

A. I don't think this framework is working for us. Let's try our next option.

저는 이 프레임워크가 우리랑 맞지 않다고 생각해요. 다음 옵션을 시도해 봅시다.

B. I totally agree with you.

전적으로 동의합니다.

이렇게 사용하세요

일을 하다 보면 서로의 의견이 불일치하는 순간도 있지만, 마치 서로의 속을 훤히 들여다보기라도 한 듯 의견이 일치하는 순간도 맞닥뜨리게 됩니다. 그럴 땐 "전적으로 당신의 의견에 동의합니다."라고 호응해 보세요. 서로 어떤 생각을 갖고 있는지 더 잘 이해할 수 있는 기회가 될 거예요.

이런 표현들과 함께 쓰여요

disagree 동의하지 않다
concur 동의하다
consent 동의하다
allow 허락하다
buy into ~ ~에 설득되다
sign off on ~ ~을 승인하다

업그레이드해서 응용해 보세요

* **I have a slightly different opinion.**
  제 생각은 조금 다릅니다.
* **I couldn't agree with you more.**
  전적으로 동감입니다.
* **You're absolutely right.**
  당신이 전적으로 옳습니다.
* **That's exactly how I feel.**
  저도 같은 생각이에요.
* **I'm not so sure about that.**
  그건 잘 모르겠어요.

Unit 29

In a nutshell, the client wants a discount.

간단히 말해서, 그 고객은 할인을 원합니다.

★ 핵심 표현 ★

In a nutshell, ~

간단히 말해서, ~

A. That was a long meeting! So what's the story?
정말 긴 회의였군요! 그래서 어떻게 된 거예요?

B. In a nutshell, the client wants a discount for the 2-year contract.
간단히 말해서, 그 고객은 2년 계약에 대한 할인을 원합니다.

이렇게 사용하세요

회사에서는 두괄식으로 이야기하는 것을 선호합니다. 결론을 먼저 이야기하고 덧붙여 부연 설명을 추가해 주세요. 결론을 말할 때는 '요약하자면', '간단히 말해서'라고 문장을 시작하면 뒤에 자세한 이야기를 풀기가 수월하겠죠? 그리고 결론은 한 문장으로 간결하면서 핵심 내용이 드러나도록 말하는 것이 중요합니다.

이런 표현들과 함께 쓰여요

summary 요약
rundown 요약
nitty gritty 핵심
nuts and bolts 요점
breakdown 분석, 명세서

업그레이드해서 응용해 보세요

* **In a nutshell, I don't want to be involved in this mess.**
  간단히 말해서, 저는 이 난장판에 휘말리고 싶지 않습니다.

* **In a nutshell, we'll need to give her a raise if we want to keep working with her.**
  간단히 말해서, 그녀와 계속 함께 일하고 싶다면 급여를 올려 줘야 합니다.

* **It's a disaster, in a nutshell.**
  한마디로 엉망진창이었어요.

* **To summarize, the proposal was accepted.**
  요약하자면, 제안은 수락되었습니다.

* **Could you give us a rundown of what was discussed in the meeting?**
  회의에서 논의된 내용을 대략적으로 말씀해 주시겠습니까?

Unit 30

Let me talk to you individually on that.

그 건에 대해서는 개별적으로 이야기합시다.

★ 핵심 표현 ★

talk to someone individually

~와 개별적으로/사적으로 이야기하다

A. I've been told by HR that I'll be working on another project.
인사과를 통해 제가 다른 프로젝트에 투입된다고 들었어요.

B. Let me talk to you individually about that.
그 건에 대해서는 개별적으로 이야기합시다.

이렇게 사용하세요

회의를 하다 보면 안건과 관련이 없는 이야기가 나오기도 합니다. 다른 회의 참가자들과 별로 관련이 없는 내용을 너무 길게 이야기하면 서로의 소중한 시간을 낭비하게 되므로, 안건을 벗어난 이야기는 끊을 필요가 있습니다. 상대방의 이야기를 정중하게 끊어야 할 때, 위 표현을 사용하면 자연스럽게 안건에 다시 집중할 수 있을 것입니다.

이런 표현들과 함께 쓰여요

take a break 잠시 휴식을 취하다

clear one's head 머리를 식히다

talk privately 사담을 하다, 따로 이야기하다

private conversation 사담

업그레이드해서 응용해 보세요

* **Let's talk after this.**
  이거 끝나고 얘기해요.
* **Let's have a separate conversation after the meeting.**
  회의 후에 따로 얘기합시다.
* **We'll discuss that separately.**
  그건 따로 의논해 보죠.
* **Can I have a word with you in private?**
  따로 얘기 좀 할 수 있을까요?
* **Let's take this offline.**
  이건 따로 이야기합시다.

Unit 31

As a side note, they are using the same tech stack.

참고로, 그들도 동일한 기술 스택을 사용하고 있습니다.

★ 핵심 표현 ★

As a side note, ~

참고로, ~

A. As a side note, **our competitors are using the same tech stack.**

참고로, 경쟁업체도 동일한 기술 스택을 사용하고 있습니다.

B. That's interesting.

그거 흥미롭군요.

이렇게 사용하세요

회의 주제에는 살짝 벗어난 내용이지만, 회의 참석자들에게 알리고 싶은 흥미로운 사실이 있나요? 혹은 간략하게 리마인드하고 싶은 내용이 있을 때 이렇게 운을 띄우고 말해 보세요. "As a side note, ~" 가끔은 이렇게 회의의 긴장을 풀어 주면서 분위기를 부드럽게 만들어 주는 이야기도 필요할 때가 있어요.

이런 표현들과 함께 쓰여요

By the way 그나저나

On second thought 다시 생각해 보니(급하게 마음이 바뀌었을 때)

On another note 다른 한편으로는

Speaking of ~ ~얘기가 나와서 말인데

While on the subject 말 나온 김에

업그레이드해서 응용해 보세요

* **As a side note, I went to the same school as her manager.**
  참고로, 저는 그녀의 매니저와 같은 학교에 다녔습니다.

* **As a side note, this meeting ends in 10 minutes.**
  참고로, 이 미팅은 10분 후에 끝납니다.

* **Just as a side note, there was no policy breach.**
  참고로, 정책 위반은 없었습니다.

* **Speaking of pay raises, is the employee evaluation coming up soon?**
  급여 인상 얘기가 나와서 말인데, 곧 직원 평가가 있을 예정인가요?

* **On second thought, I'm going to call her now.**
  다시 생각해 보니, 지금 그녀에게 전화해야겠어요.

Unit 32

You've made a good point.

좋은 지적입니다.

★ 핵심 표현 ★

make a good point

좋은 지적을 하다

A. I think we should go back to the initial hypothesis and make sure it aligns with the KPI.

초기 가설로 돌아가서 KPI와 일치하는지 확인해야 한다고 생각합니다.

B. You've made a good point.

좋은 지적입니다.

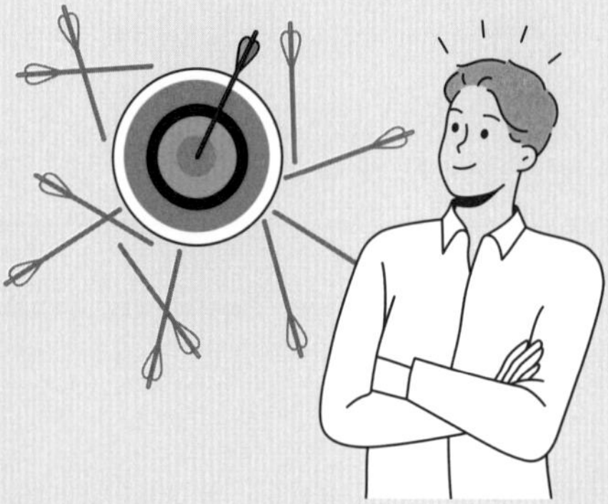

이렇게 사용하세요

'point'는 지적, 시각, 논점, 일리 등 다양한 뜻을 가지고 있습니다. 회의 시간에 굉장히 자주 사용하는 단어로, 이를 활용한 다양한 표현을 알아 두면 유용하게 활용할 수 있습니다. 상대방이 의견을 냈을 때 일리가 있다고 적극 동조해 주면 당신을 경청 잘하는 사람(good listener)이라고 생각할 거예요.

이런 표현들과 함께 쓰여요

observation 관찰
analysis 분석
inquiry 문의
investigation 조사
itemization 분류

업그레이드해서 응용해 보세요

* **You have a point there.**
  그것은 일리가 있어요.
* **Fair point.**
  타당한 의견이네요.
* **That's a really good point.**
  정말 좋은 지적입니다.
* **Let's stick to the point.**
  요점에 충실합시다.
* **So, what's your point?**
  그래서 요지가 뭔가요?
* **There is no point in going back.**
  되돌아가는 것은 의미가 없어요.

Unit 33

Any final thoughts before we wrap up?

마치기 전에 마지막으로 할 말이 있나요?

★ 핵심 표현 ★

Any final thoughts before ~?

~ 전에 마지막으로 할 말이 있나요?

A. Any final thoughts before we wrap up?
회의를 마치기 전에 마지막으로 할 말이 있나요?

B. No, good job! Let's go with the plan.
없어요, 좋습니다! 계획대로 합시다.

이렇게 사용하세요

회의를 주관하는 사람이 신경 써야 할 부분 중의 하나는 바로 '발언권'입니다. 회의 시간 중 의견을 말할 타이밍을 놓친 사람들이 있을 수 있으므로 미팅을 끝내기 전에 마지막으로 할 말이 있는지 체크해 주세요. 회의 참석자 모두가 자신의 의견을 발언할 수 있게 도와주는 것이 따뜻한 리더십입니다.

이런 표현들과 함께 쓰여요

agenda 안건
allocate 할당하다
consensus 의견 일치
complaint 불평
implement 이행하다
objective 목표

업그레이드해서 응용해 보세요

* **It looks like we're out of time, so let's wrap up here.**
  시간이 다 된 것 같으니 여기서 마치도록 하죠.
* **We've covered everything on the agenda.**
  안건에 있는 것은 다 다뤘습니다.
* **Do you have any further questions?**
  더 궁금한 거 없으세요?
* **Let's save that for the next meeting.**
  그건 다음 회의 때 이야기합시다.
* **Let's quickly recap the main points of today's meeting.**
  오늘 회의의 주요 내용을 간단히 요약해 보겠습니다.

Unit 34

Let's call it a day.

오늘은 이만 끝내죠.

★ 핵심 표현 ★

call it a day

오늘은 이만 끝마치다

A. Should we continue the discussion?

논의를 계속 할까요?

B. It's getting late. Let's call it a day.

많이 늦었네요. 오늘은 이만 끝내죠.

이렇게 사용하세요

"여기까지 합시다."라는 말을 혹시 "Let's stop here."라고 생각하셨나요? "Let's call it a day."가 훨씬 더 좋은 표현입니다. 회의가 너무 길어지거나 작업이 길어질 때 마무리 멘트로 활용해 보세요.

이런 표현들과 함께 쓰여요

wrap up 끝내다, 마무리하다

sum up 요약하다

conclude 결론을 내다

put a halt to (권위로) 멈추게 하다

업그레이드해서 응용해 보세요

* **We're running out of time. Let's call it a day.**
  시간이 없어요. 오늘은 이만 끝냅시다.

* **Let's call it a night.**
  오늘은 이만 끝냅시다. (밤)

* **I've been coding for 12 hours straight. Let's call it a night.**
  12시간 연속으로 코딩하고 있어요. 오늘은 이만 합시다.

* **That will be all for today.**
  오늘은 이것으로 마치겠습니다.

* **Let's wrap this up.**
  마무리합시다.

* **Let's table it.**
  다음으로 보류해 두죠.

작문 챌린지

Part 3에서 배운 핵심 표현을 활용하여 우리말에 맞는 문장을 써 보세요.

1 연락하기 가장 좋은 시간은 언제인가요?

____

2 죄송합니다, 갑자기 일이 생겼어요.

____

3 우리 10시 회의하는 거 맞나요?

____

4 다음 주에 연락드리겠습니다.

____

5 처음부터 다시 시작합시다.

____

정답 확인

1 When is the best time to reach you?
2 I'm sorry, something's come up.
3 Are we still on for our 10 AM meeting?
4 I'll touch base with you next week.
5 Let's go back to the drawing board.

6 간단히 말해서, 그 고객은 할인을 원합니다.

7 그 건에 대해서는 개별적으로 이야기합시다.

8 참고로, 이 미팅은 10분 후에 끝납니다.

9 마치기 전에 마지막으로 할 말이 있나요?

10 오늘은 이만 끝내죠.

6 In a nutshell, the client wants a discount.
7 Let me talk to you individually on that.
8 As a side note, this meeting ends in 10 minutes.
9 Any final thoughts before we wrap up?
10 Let's call it a day.

유용한 회의록 샘플

회의록은 팀 내 공유용으로 간단하게 안건과 액션 아이템을 중심으로 작성하면 됩니다. 참석을 못한 사람도 이해할 수 있도록 명확하게 써 주세요. 협업 툴, 온라인 문서를 활용해서 작성하면 상호적인 회의록을 만들 수 있습니다. (예: 담당자 이름 멘션 걸기, 문서 링크 걸기 등)

주간 팀 미팅 회의록(개발팀)

Feb 19, 2024 3:00 PM KST
Participants: Ash J., HyeMin L., Naya G., Bryan K., Feya O.

1. Last Week's Action Items

- **Talk to product team and adjust launch date 2/15 @Ash J.**
- **Login integration testing required 2/22 @Naya G. – Ongoing**

2. Announcements

- **Townhall meeting is cancelled due to heavy snow.**
- **HR Team will be slow to respond next week due to team retreat.**
- **Sue Chang, the new front-end intern starts next week.**
- **Bryan's birthday tomorrow**

3. Agenda

a. Login integration
- Product team didn't like the passwordless login
- Colleen is out sick so one week delay expected

b. Evaluation results [full report]
- 72% mentioned need a better code review process
- 38% happy with partial remote work

c. Intern training
- Current paring system works well so keep it up!

4. Action Items

- **Research effective code review process by 2/26 @Ash J., @Feya O.**
- **Plan for full remote work by 2/26 @HyeMin L.**
- **Assign pair coding partner for interns by 2/26 @Naya G.**

2024년 2월 19일 오후 3시(한국 표준 시간)
→ 여러 시간대(timezone)에서 일하는 직원들이 원격으로 미팅을 하는 경우라면 반드시 기준을 정하고 명시해 주세요.
예) KST(한국 표준 시간), PST(미국 서부 표준 시간)

참여자: Ash J., HyeMin L., Naya G., Bryan K., Feya O.
→ 참석자 명단으로 온라인 문서, 협업 툴에 회의록을 작성하는 경우, 멘션(@)을 걸어 주기도 합니다.

1. 지난주 액션 아이템
   - 제품 팀과 대화하여 출시 일정 조정하기 2/15 @Ash J.
   - 로그인 통합 테스트 필요 2/22 @Naya G. - 진행 중

→ 지난주의 액션 아이템의 상태를 확인할 수 있어야 합니다. 추진하기로 한 아이템들이 흐지부지 되지 않도록 완료, 진행 중, 취소, 변경 등의 현재 상태를 명시해 주세요. 아이콘, 색상, 태그 등으로 구분하기도 합니다.

2. 공지사항
   - 폭설로 인해 타운홀 미팅 취소됨
   - 인사팀이 팀 워크숍으로 인해 다음 주 대응이 늦어질 예정
   - 새로운 프론트엔드 인턴 Sue Chang은 다음 주부터 시작
   - Bryan 내일 생일

→ 미팅에 참석하지 못한 사람들도 확인할 수 있도록 명확하게 적어주세요. 신규 채용, 휴가 등 팀원들이 모두 알아야 할 아이템을 공유합니다. 생일, 결혼, 이사, 승진 등 팀의 친목을 돈독하게 해 줄 이벤트를 공유하기도 합니다.

3. 안건
   a. 로그인 통합
      - 제품 팀이 비밀번호 없는 로그인을 좋아하지 않음
      - Colleen 병가로 일주일의 지연 예상
   b. 평가 결과 [전체 보고서]
      - 72%는 더 나은 코드 리뷰 프로세스가 필요하다고 언급함
      - 38%는 부분 원격 근무에 만족함
   c. 인턴 교육
      - 현재의 페어 프로그래밍 시스템이 잘 작동하므로 유지!

→ 안건은 간략한 결론과 함께 요약해서 적어 주세요. 관련된 문서나 자세한 설명은 링크로 걸어서 확인할 수 있도록 합니다.

4. 액션 아이템
   - 2/26까지 효과적인 코드 리뷰 프로세스 조사하기 @Ash J., @Feya O.
   - 2/26까지 완전 원격 근무 계획 세우기 @HyeMin L.
   - 2/26까지 인턴용 페어 프로그래밍 파트너 지정하기 @Naya G.

→ ① 해야 할 일, ② 담당자, ③ 기한을 꼭 명시해 주세요.

Part 4

BUSINESS ENGLISH

원활한 회사 생활을 위한 동료 및 상사와의 업무적 소통

일 잘하는 사람들의 업무 소통 방식

- ☑ 적극적으로 의견 제시하기
- ☑ 칭찬은 아끼지 말기
- ☑ 보고서는 공유하기 전에 크로스체크하기
- ☑ 틈틈이 업무 진행 상황 공유하기
- ☑ 퇴사하기 전에 아름답게 마무리하기

Unit 35

Got it.

알겠습니다.

★ 핵심 표현 ★

Got it.

알겠습니다.

A. Let's make sure Sue's emails get answered while we find her replacement.

수를 대신할 사람을 찾는 동안 그녀의 이메일에 회신할 수 있도록 합시다.

B. Got it. I'll take care of them.

알겠습니다. 제가 처리할게요.

이렇게 사용하세요

우리말로 "네.", "넵.", "넹.", 모두 "Yes."라는 뜻이지만 그 뉘앙스가 다르죠? 무겁지도 가볍지도 않은 적당하게 경쾌한 어감의 "네, 알겠습니다."가 바로 "Got it."입니다. 이메일, 문자, 사내 메시지 등을 받았으면 메시지를 확인했는지, 내용을 모두 이해했는지 확실하게 답해 주세요. got을 활용한 표현으로 'I got ~'라고 하면 '~을 받았습니다.'라고 확인해 주는 표현이니 함께 알아 두세요.

이런 표현들과 함께 쓰여요

voicemail 음성 메시지

text message 문자

agreement 동의, 합의

disagreement 의견 충돌, 다툼

업그레이드해서 응용해 보세요

* **I got your note.**
  남겨 주신 메모 받았습니다.

* **I got your message.**
  메시지 받았습니다.

* **I got your voicemail.**
  음성 메시지 받았습니다.

* **Sure, I'll take care of it.**
  네, 제가 처리하겠습니다.

* **Of course. I'll get to it soon.**
  물론이죠. 곧 처리하겠습니다.

Unit 36

Sounds like a plan.

그거 참 좋은 생각이네요.

★ 핵심 표현 ★

Sounds like a plan.

그거 참 좋은 생각이네요.

A. Let's try out the software for a week before we commit to it.
그 소프트웨어를 사용하기 전에 일주일 동안 시험해 봅시다.

B. Sounds like a plan.
그거 참 좋은 생각이네요.

이렇게 사용하세요

누군가 제안한 내용에 대해 동의할 때 사용하는 표현입니다. 동료가 함께 저녁을 먹으러 가자고 제안할 수도 있고, 사내 동아리 활동을 함께 해 보면 어떻겠냐고 제안할 수도 있겠죠. 이 모든 제안에 동의한다면 "Sounds like a plan."이라고 해 주세요. 상대방의 말에 잘 맞장구쳐 주는 것도 좋은 사회생활이에요.

이런 표현들과 함께 쓰여요

proposal 제안
arrangement 준비
game plan 전략
big picture 큰 그림, 전체적인 상황
undertaking (=project) 일
proposition 제의
projection 예상, 추정

업그레이드해서 응용해 보세요

∗ **Sure thing!**
물론이죠!

∗ **Let's go as planned.**
계획대로 진행합시다.

∗ **Let's go with it.**
그렇게 합시다.

∗ **I'm all for it.**
전 찬성입니다.

∗ **Count me in.**
저도 포함시켜 주세요.

Unit 37

I will be taking a personal day tomorrow.

저 내일 연차 낼 예정이에요.

★ 핵심 표현 ★

take a personal day

연차를 내다

A. Will you be joining us tomorrow at lunch?
내일 점심 우리와 함께 하실 건가요?

B. Sorry, I will be taking a personal day tomorrow.
죄송하지만 저 내일 연차 낼 예정이에요.

이렇게 사용하세요

연차를 낼 때 personal day를 갖는다고만 말하면 됩니다. 굳이 이유를 말할 필요는 없습니다. 갑작스럽게 아파서 휴가를 내는 게 아니라면 연차 사용 계획은 상사나 동료에게 미리 알려 주세요. 그래야 본인의 업무를 누가 대신 맡을지를 미리 정할 수 있고, 업무 일정을 조율할 수 있으니까요.

이런 표현들과 함께 쓰여요

professional development day 연수일
personal day 연차
break 휴식
sick leave/sick day 병가
PTO (Paid Time Off) 유급 휴가
sabbatical month 안식월

업그레이드해서 응용해 보세요

* **I won't be taking any more personal days this year.**
  올해는 더 이상 연차를 내지 않을 겁니다.
* **You should take some personal days during summer.**
  여름에 연차를 좀 쓰도록 해 봐요.
* **I'll be taking a break in 10 minutes.**
  저는 10분 후에 쉴 거예요.
* **I'll be on a lunch break soon.**
  곧 점심 먹으러 갈 거예요.
* **I would like to request PTO from December 10 to December 15.**
  저는 12월 10일부터 12월 15일까지 유급 휴가를 신청하고 싶습니다.

Unit 38

She's gone for the day.

그녀는 퇴근했습니다.

★ 핵심 표현 ★

have gone for the day

퇴근하다

A. Have you seen Jess? I need to hand her the test devices.
제스 봤어요? 테스트 장비 전달해야 하는데.

B. She's gone for the day. Do you want me to hold on to it for her?
그녀는 퇴근했어요. 제가 가지고 있다가 건네줄까요?

이렇게 사용하세요

먼저 퇴근한 동료의 행방을 얘기할 때 사용하는 표현입니다. 옆자리에 앉는 동료가 자리를 비우면, 그 동료가 잠시 자리를 비운 건지 아예 퇴근을 한 건지 궁금해하는 동료들이 있을 거예요. 만약 퇴근을 한 상태라면 알려 주고, 건네줄 물건이나 메모가 있을 경우 대신 받아 놓았다가 다음날 전달해 주면 좋겠죠?

이런 표현들과 함께 쓰여요

depart from ~ ~에서 출발하다

arrive at ~ ~에 도착하다

leave in a hurry 급히 떠나다

hurry off 서둘러 떠나다

업그레이드해서 응용해 보세요

* **He's left the office for the day.**
  그는 퇴근했습니다.

* **She's away from her desk now.**
  그녀는 지금 자리에 없습니다.

* **He's on his lunch break.**
  그는 점심 식사 중입니다.

* **He just stepped out to answer a call.**
  그는 방금 전화를 받으러 나갔어요.

* **He left the office an hour ago.**
  그는 한 시간 전에 사무실을 떠났어요.

* **Do you want me to hold on to it?**
  제가 보관해 드릴까요?

Unit 39

I'll check and get back to you ASAP.

확인해 보고 최대한 빨리 연락드리겠습니다.

★ 핵심 표현 ★

I'll get back to you ~

~까지 회신드리겠습니다

A. Could you let me know when the sample product will arrive?
샘플 제품이 언제 도착하는지 알려 줄 수 있을까요?

B. I'll check and get back to you ASAP.
확인해 보고 최대한 빨리 알려 드리겠습니다.

이렇게 사용하세요

당장 대답할 수 없는 질문을 받았다면 당황하지 말고 확인 후 연락을 주겠다며 매끄럽게 넘기세요. 이렇게 대답하면 그 누구도 당신이 잘 모른다고 해서 화를 내거나 비난하지 않습니다. 오히려 정확한 정보를 주기 위해 노력하는 모습에 고마워할 거예요. 참고로 ASAP는 '에이쌉'이라고 발음합니다.

이런 표현들과 함께 쓰여요

by the end of the day (EOD) 오늘 퇴근 전까지

by tomorrow morning 내일 오전까지

in two business days 영업일 이틀 내에

by next Monday 다음 주 월요일까지

by the time you're back from your vacation 휴가 다녀오실 때까지

업그레이드해서 응용해 보세요

* **I'll check and get back to you first thing tomorrow morning.**
  확인해 보고 내일 아침에 제일 먼저 연락드리겠습니다.

* **I'll talk to my manager and get back to you as soon as possible.**
  매니저와 상의하고 최대한 빨리 회신드리겠습니다.

* **I'll check with the team and get back to you soon.**
  팀에 확인해 보고 곧 연락드리겠습니다.

* **I'll check back with you in a week.**
  일주일 후에 다시 연락드리겠습니다.

Unit 40

Sorry for the short notice.

갑작스럽게 알려 드려서 죄송합니다.

★ 핵심 표현 ★

Sorry for the short notice.

갑작스럽게 알려 드려서 죄송합니다.

A. Could you cover my shift tonight? Sorry for the short notice.
오늘 밤 근무 좀 대신 맡아 줄 수 있나요? 갑작스럽게 알려 드려서 죄송합니다.

B. Sure thing. You always help me out.
그러죠. 당신은 항상 나를 도와줬는걸요.

이렇게 사용하세요

갑작스러운 부탁을 하거나 통보를 할 때 사용하는 표현입니다. 회사에서 일을 하다 보면 생각지 못한 문제가 발생하기도 하고, 돌발적으로 변경 사항이 생겨 당황스러울 때가 있습니다. 동료의 갑작스러운 부탁을 받았을 때 우호적으로 도움을 준다면, 언젠가 나도 문제에 맞닥뜨렸을 때 도움을 받을 수 있을 거예요.

이런 표현들과 함께 쓰여요

notice 고지, 통보
announcement 발표
notification 알림
warning/caution 경고, 주의
last minute 막판
urgent request 긴급한 요청

업그레이드해서 응용해 보세요

* **I know this is such short notice, but I'm going to have to cancel lunch today.**
  갑작스러운 통보인 건 알지만, 오늘 점심은 취소해야 할 것 같아요.
* **Sorry for the short notice. I need to leave for a doctor's appointment.**
  갑작스럽게 말씀드려 죄송합니다. 병원 예약 때문에 출발해야 해요.
* **Sorry for the short notice, but we really appreciate your urgent response on this.**
  갑작스러운 통보에 죄송하지만, 빠르게 답변을 해 주신다면 감사하겠습니다.
* **We understand this is short notice, but we hope you can still attend the meeting.**
  갑작스러운 공지라는 점을 이해하지만, 회의에 참석하실 수 있기를 바랍니다.

Unit 41

I want to make sure that the delivery is made on time.

배송이 제시간에 이루어지기를 원합니다.

★ 핵심 표현 ★

I want to make sure ~

~을 확실히 하고 싶습니다

A. Isn't this your second time calling?
이번이 두 번째 전화 아닌가요?

B. Yes, I want to make sure that the delivery is made on time.
네, 배송이 제시간에 이루어지기를 원합니다.

이렇게 사용하세요

무언가를 정확하게 확인하고 싶을 때 사용하는 표현입니다. 특히 온보딩 기간에는 확실하게 업무를 처리하는 모습을 보여 주는 것이 중요하므로, 두 번, 세 번씩 꼼꼼하게 확인하고 업무를 처리하는 태도를 갖는 것이 좋습니다. 너무 자주 확인하면 상대방이 짜증을 낼 수도 있지만, 대충 넘어갔다가 큰 문제가 생기는 것보다는 낫겠죠.

이런 표현들과 함께 쓰여요

double check 다시 한번 확인하다

verify 확인하다

confirm 확인하다

make certain 확실하게 하다

find out 알아내다

figure out 알아내다, 이해하다

sort ~ out ~을 해결하다

come along (=progress) (원하는 대로) 되어 가다

업그레이드해서 응용해 보세요

* **I wanted to make sure that the numbers make sense.**
  숫자가 말이 되는지 확인하고 싶었습니다.

* **I want to make sure you understand the risks.**
  위험성을 확실히 알려 드리고 싶었습니다.

* **I just want to make sure you are aware of the timeline.**
  타임라인을 확실히 알려 드리고 싶어서요.

* **Could you make sure I receive the shipment on time?**
  제시간에 배송을 받을 수 있도록 해 주시겠어요?

* **How is the proposal coming along?**
  제안서는 어떻게 진행되고 있나요?

Unit 42

How soon can you get back to me?

얼마나 빨리 연락해 주실 수 있나요?

★ 핵심 표현 ★

How soon can you ~?

얼마나 빨리 ~해 주실 수 있나요?

A. How soon can you **get back to me?**
얼마나 빨리 연락해 주실 수 있나요?

B. **Give me a few days. I'll get my boss to sign off on this.**
며칠만 시간을 주세요. 제가 상사에게 승인을 받도록 하겠습니다.

이렇게 사용하세요

일정 관리는 업무의 기본 중의 기본! 우선순위, 업무 할당, 업무량, 리소스 등 이 모든 것이 일정에 따라 변경되기 때문이죠. 상대방과 어떠한 거래를 할 때는 반드시 느슨하게라도 일정을 받아 두세요. "How soon can you ~?"에는 재촉의 뉘앙스도 담고 있으니 서둘러 필요한 것이 있다면 이 표현을 활용해 보세요.

이런 표현들과 함께 쓰여요

prompt response 신속한 답변

delayed response 뒤늦은 반응

timeframe 기간

timely response 시기적절한 대응, 답변

업그레이드해서 응용해 보세요

* **How soon can you get here?**
  여기 얼마나 빨리 올 수 있나요?

* **How soon can you fly to HQ(Headquarters)?**
  비행기로 얼마나 빨리 본사로 갈 수 있어요?

* **How soon can you send me the slides?**
  언제쯤 슬라이드를 보내 줄 수 있나요?

* **How soon can you start?**
  가장 빨리 시작할 수 있을 때가 언제인가요?

* **How soon can I start the training?**
  언제쯤 교육을 시작할 수 있을까요?

Unit 43

I'll be with you in a minute.

조금만 기다려 주세요.

★ 핵심 표현 ★

I'll be with you ~

~만큼만 기다려 주세요 / ~ 후에 돌아올게요

A. Hi, Madeline. Could you spare me five minutes?
안녕, 매들린. 5분만 시간 내 줄 수 있어요?

B. I'm on a call. I'll be with you in a minute.
전화 통화 중이에요. 조금만 기다려 주세요.

이렇게 사용하세요

한참 일을 하던 도중에 동료가 잠깐 시간을 내어 줄 수 있는지를 묻습니다. 통화 중이거나 지금 당장 집중해서 처리해야 할 일이 있다면, 동료에게 지금 하고 있는 일을 마무리할 때까지 기다려 달라고 말해 보세요. 동료는 당신의 상황을 이해하고, 당신이 준비될 때까지 기다릴 것입니다. 무례하지 않을까 걱정하지 마세요. 그렇지 않으면 시도 때도 없이 방해 받을 수 있습니다.

이런 표현들과 함께 쓰여요

back-to-back meeting 연이은 미팅

put on hold (통화 중인 사람을) 기다리게 하다, 보류 중이다

wait forever 목이 빠지게 기다리다

업그레이드해서 응용해 보세요

* **I'll be with you shortly.**

  조금만 기다려 주세요.

* **Could you come back in 5 minutes?**

  5분 후에 다시 와 주시겠어요?

* **Hang on a sec.**

  잠깐만 기다려요.

* **Please hold.**

  (전화 통화 시) 잠시만 기다려 주세요.

* **Just a second.**

  잠시만요.

Unit 44

I'm not quite clear what you mean by that.

무슨 뜻인지 잘 모르겠어요.

★ 핵심 표현 ★

be not quite clear what ~

뭐가 ~인지 잘 모르겠어요

A. I'm not quite clear what you mean by that. Could you clarify?

무슨 뜻인지 잘 모르겠어요. 좀 더 분명히 말씀해 주시겠어요?

B. Yes, let me rephrase that.

네, 다시 한번 말씀드리죠.

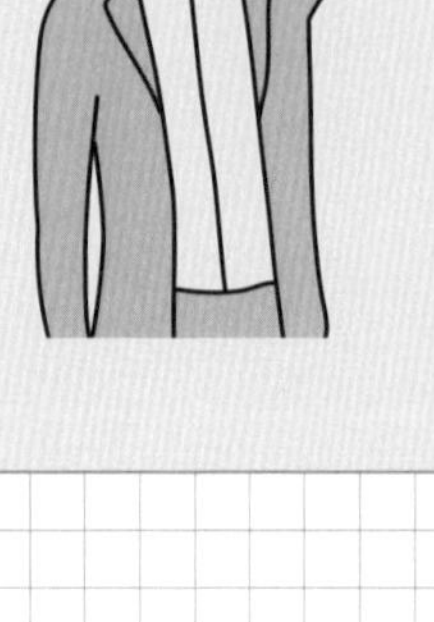

이렇게 사용하세요

회사에는 다양한 사람들이 모인 만큼 커뮤니케이션 방식도 다양합니다. 따라서 상대방이 하는 말이 무슨 뜻인지 이해가 되지 않을 때도 있을 텐데요. 이때, 다짜고짜 "무슨 말인지 모르겠어요."라고 하면 상대방은 불쾌할 수 있습니다. 상대방이 불쾌함을 느끼지 않는 표현을 다양하게 익혀 두면, 보다 원활하게 소통을 하는 데 도움이 될 거예요.

이런 표현들과 함께 쓰여요

clarify 명확하게 하다
verify (진실인지/정확한지) 확인하다
reiterate (이미 한 말을 강조하기 위해) 반복하다

업그레이드해서 응용해 보세요

* **It's not clear what the client request is.**
  클라이언트 요청이 무엇인지 명확하지 않습니다.

* **I'm not sure if my supervisor will approve the idea.**
  상사가 그 아이디어를 승인할지 모르겠어요.

* **I'm not sure if I fully understand your question.**
  제가 질문을 제대로 이해했는지 잘 모르겠어요.

* **That's not my area of expertise.**
  그건 제 전문 분야가 아닙니다.

* **I can't remember off the top of my head.**
  지금 당장에는 기억이 안 납니다.

* **Your guess is as good as mine.**
  저도 잘 모르겠군요.

Unit 45

How about adding more details to this section?

이 섹션에 자세한 내용을 추가하는 것은 어떨까요?

★ 핵심 표현 ★

How about ~?

~은 어떨까요?

A. Could you give me some feedback?
피드백을 주실 수 있나요?

B. Just one thing. How about adding more details to this section?
이거 하나만요. 이 섹션에 자세한 내용을 추가하는 것은 어떨까요?

이렇게 사용하세요

회사 생활을 하면서 적극적으로 의견을 제시하는 태도를 가지면 주변 사람들에게 좋은 평판을 얻을 수 있습니다. 또한 업무적으로 어려움이 있을 때 찾아와 의견을 묻는 사람들도 많아질 거예요. "How about ~?"은 일 잘하는 프로들의 필수 표현입니다. 이 표현을 기억하고 자주 사용해 보세요.

이런 표현들과 함께 쓰여요

suggestion 제안

recommendation 권고, 추천, 추천서

appendix 부록

업그레이드해서 응용해 보세요

* **How about making this section shorter?**
이 섹션을 더 짧게 만드는 것은 어떨까요?

* **How about we celebrate this occasion?**
이 날을 축하하는 것은 어떨까요?

* **How about we have lunch at the new place today?**
오늘 점심은 새로운 곳에서 먹는 게 어때요?

* **How about we leave this Friday?**
이번 주 금요일에 떠나는 건 어떨까요?

* **How about you take the day off tomorrow?**
당신은 내일 쉬는 게 어때요?

Unit 46

When is the deadline?

마감일이 언제인가요?

★ 핵심 표현 ★

When is the ~?

~이 언제인가요?

A. I have so much on my plate. Could you help?
할 일이 너무 많아요. 도와주시겠어요?

B. Sure, when is the deadline?
물론이죠, 마감일이 언제죠?

이렇게 사용하세요

마감일을 넘기면 아무리 좋은 결과물을 만들어도 곤란한 상황이 발생할 수 있습니다. 특히 세일즈의 비수기, 성수기가 있다면 일정 차질로 인해 일 년 수익이 휘청거릴 수도 있습니다. 어떤 업무를 하든 항상 마감일을 유념하고, 다른 팀과 함께 업무를 진행한다면 업무 초반에 마감일을 잘 협상해야 합니다.

이런 표현들과 함께 쓰여요

cutoff date 마감일

due date 만기일

early bird 얼리버드, 빠른 구매 시 받는 혜택

kick off 개시 (시작)

launch date/release date 출시일

town hall meeting 전사 미팅

crunch time 초긴장 시기, 결정적 시기

in a time crunch 시간이 부족한, 촉박한

업그레이드해서 응용해 보세요

* **When is the town hall meeting?**
  회사 전사 미팅이 언제인가요?
* **When is the kick-off date for the new project?**
  새 프로젝트의 시작 날짜는 언제입니까?
* **When is the last day for the early bird discount?**
  얼리버드 할인은 언제까지인가요?
* **When is the due date for the invoice?**
  인보이스(청구서) 결제 기한은 언제인가요?
* **When is the deadline to submit the monthly report?**
  월별 보고서 제출 마감일은 언제인가요?

Unit 47

Could you take a look at my report?

제 보고서를 한번 봐 주실 수 있을까요?

★ 핵심 표현 ★

Could you take a look at ~?

~을 한번 봐 주시겠어요?

A. Could you take a look at my report before I send it off?
제가 보고서를 보내기 전에 한번 봐 주시겠어요?

B. Sure, send it to my email.
네, 제 이메일로 보내 주세요.

이렇게 사용하세요

문서를 공유하기 전에 누군가와 크로스체크하는 것은 매우 중요합니다. 특히 입사 초반이라면 주변인들에게 자신이 작성한 보고서를 같이 봐 달라고 귀찮게 하세요. 빠뜨린 내용이 있을 수도 있고, 내가 잘못 이해한 부분이 있을 수도 있기 때문이죠. 같이 검토를 해 준 사람에게 감사의 인사를 전하는 것도 잊지 마세요. 그러면 도와준 사람도 더욱 책임감을 느끼고, 동시에 잘 만든 밥상에 숟가락을 얹는 기쁨도 느낄 겁니다.

이런 표현들과 함께 쓰여요

thorough check 철저한 검사
quality assurance 품질 보증
draft 초안
rough draft 초고
pull request 작성한 코드를 검토 후 병합해 달라는 요청

업그레이드해서 응용해 보세요

* **Could you take a look at my slides?**
  제 슬라이드 좀 봐 주시겠어요?
* **Could you review my report?**
  제 보고서를 검토해 주시겠습니까?
* **Could you give me some feedback on my code?**
  제 코드에 대한 피드백을 주실 수 있나요?
* **Could you take a look at my pull request?**
  제 풀 리퀘스트 좀 봐 주시겠어요?
* **Could you answer my question on the customer case?**
  고객 사례에 대한 제 질문에 답변해 주시겠습니까?

Unit 48

We need people who go the extra mile.

우리는 더 많은 노력을 기울이는 사람들이 필요합니다.

★ 핵심 표현 ★

go the extra mile

특별히 더 애를 쓰다

A. What kind of qualities do you look for in a candidate?
당신은 지원자에게서 어떤 자질을 기대하나요?

B. We need people who are willing to go the extra mile.
우리는 더 많은 노력을 기울일 의향이 있는 사람들이 필요합니다.

이렇게 사용하세요

같은 일을 하더라도 더 높은 퀄리티의 결과물을 내는 사람들이 있습니다. 그 차이는 어디에서 올까요? 바로 조금이라도 더 노력을 기울였느냐의 차이일 것입니다. 보고서의 맞춤법을 한 번 더 체크한다든지, 콘텐츠 기획을 위해 자료 리서치를 더 많이 한다든지 조금이라도 더 신경 쓴 만큼 결과물은 더 좋아질 수밖에 없겠죠. 누군가가 당신에게 'go the extra mile' 하는 사람이라고 한다면 더없이 좋은 칭찬입니다. 반대로 동료 중에 그런 사람이 있다면, 아낌없이 칭찬의 말로 전해 주세요.

이런 표현들과 함께 쓰여요

achievement 업적
effort 노력
attempt 시도
take a crack at ~ ~을 시도하다
intention 의도
struggle 분투

업그레이드해서 응용해 보세요

* **She always goes the extra mile with her work.**
그녀는 항상 그녀의 일에 더 많은 노력을 기울입니다.

* **Our project was only successful because everyone was willing to go the extra mile.**
우리 프로젝트는 모두가 기꺼이 더 많은 노력을 기울였기 때문에 성공할 수 있었습니다.

* **We need you to go the extra mile for this project.**
이 프로젝트를 위해 더 많은 노력을 기울여야 합니다.

* **We need to go the extra mile to meet the client's expectations.**
고객의 기대에 부응하기 위해 더 많은 노력을 기울여야 합니다.

Unit 49

I ran the ideas by my manager.

상사에게 아이디어를 보고했어요.

★ 핵심 표현 ★

run ~ by …

…에게 ~을 보고하다 / …에게 ~을 상의하다

A. So, what's the next step?
그럼 다음 단계는 뭐죠?

B. I ran the ideas by my manager. We'll see what she says.
상사에게 아이디어를 보고했어요. 뭐라고 하실지 두고 봅시다.

이렇게 사용하세요

업무를 진행하는 중간 중간마다 상사에게 검토를 받고 의견을 구하세요. 많은 시간을 들여 일을 끝냈는데 결과물이 상사의 의도와 다를 수도 있고, 다시 처음으로 돌아가기엔 너무 늦어 버릴 수도 있으니까요. 의견을 물을 때는 구두로만 하는 것보다는 이메일이나 메시지처럼 시간이 지난 후에도 기록으로 남도록 하는 것이 더 좋습니다. 내가 의견을 구한 것을 잊어버리거나 협의한 내용을 잘못 기억하는 경우도 있거든요.

이런 표현들과 함께 쓰여요

report 보고하다
brief 브리핑을 하다, 짧은, 간결한
submit 제출하다
give a presentation 발표하다

업그레이드해서 응용해 보세요

* **Can you run that by me one more time?**
  다시 한번 설명해 주시겠어요?
* **I'm sorry I didn't run it by you first.**
  먼저 상의하지 않아서 죄송해요.
* **I want to run something by you.**
  상의하고 싶은 게 있습니다.
* **Can I run something by you really quick?**
  잠깐 뭐 좀 상의해도 될까요?
* **Did you run this by your manager?**
  이 건을 매니저와 상의하셨나요?
* **Don't you have to run it by HR first?**
  인사과에 먼저 물어봐야 하는 거 아닌가요?

Unit 50

You did a great job on the presentation.

발표 정말 잘했어요.

★ 핵심 표현 ★

do a great job

훌륭하게 잘해 내다

A. You did a great job on the presentation.
발표 정말 잘했어요.

B. Thank you so much. I was so nervous.
정말 감사합니다. 저 정말 긴장했었어요.

이렇게 사용하세요

호감이 가는 사람이 되는 가장 쉽고 효과적인 방법은 바로 '칭찬하기'입니다. 칭찬을 싫어하는 사람은 없으니까요. 동료들과 서로 칭찬을 아끼지 않으면 일하는 즐거움도 두 배, 동료들 간의 친목도 두 배 높아집니다. 동료가 미팅에서 발표를 잘했거나 멋진 결과물을 만들어 냈을 때 적절하게 칭찬을 해 주면 어떨까요?

이런 표현들과 함께 쓰여요

compliment 칭찬
praiseworthy 칭찬할 만한
achievement 업적, 성취
flattery 아첨
reprimand 질책하다
blame ~을 탓하다, 책임, 탓

업그레이드해서 응용해 보세요

* **Good effort!**
  수고했어요!
* **Way to go!**
  잘했어요!
* **You nailed it!**
  잘했어요!
* **Not bad at all!**
  꽤 괜찮았어요!
* **You certainly did well today.**
  오늘 확실히 잘했어요.
* **Kudos on the great presentation!**
  멋진 발표였어요!

Unit 51

Thanks for taking the trouble.

수고해 주셔서 감사합니다.

★ 핵심 표현 ★

Thanks for ~

~해 주셔서 감사합니다

A. Did everything work out?
모든 게 잘 해결되었나요?

B. It did! Thanks for taking the trouble.
네, 해결되었습니다! 수고해 주셔서 감사합니다.

이렇게 사용하세요

호감이 가는 사람이 되는 또 다른 쉽고 효과적인 방법은 감사하는 마음을 표현하는 것입니다. 작고 사소한 도움을 얻었다고 해도 상대방의 수고에 감사함을 꼭 표현해 주세요. 감사함을 표현하면 할수록 도움을 주는 사람은 뿌듯함을 느낄 것이고, 어려운 상황에 닥친 당신에게 손을 뻗어 줄 사람은 더 많아질 것입니다.

이런 표현들과 함께 쓰여요

appreciation 감사
gratitude 고마움, 감사
token of gratitude 감사의 표시
encouragement 격려
assistance 도움, 지원
compliment 칭찬

업그레이드해서 응용해 보세요

* **Thank you for your support.**
  지지해 줘서 고마워요.
* **Many thanks for giving me this opportunity.**
  저에게 이런 기회를 주셔서 정말 감사합니다.
* **Thank you for speaking with me.**
  저와 이야기해 줘서 고마워요.
* **I appreciate your help.**
  도와줘서 고마워요.
* **I am grateful for your support.**
  당신의 지원에 감사드려요.
* **You are the best!**
  당신이 최고입니다!

Unit 52

Excuse me for interrupting.

방해해서 죄송합니다.

★ 핵심 표현 ★

Excuse me for ~

~해서 죄송합니다

A. Excuse me for **interrupting. Can I talk to you for a second?**
방해해서 죄송합니다. 잠깐 얘기 좀 할 수 있을까요?

B. **Is it important? I'm in the middle of a conference call.**
중요한 건가요? 제가 지금 컨퍼런스 콜 중입니다.

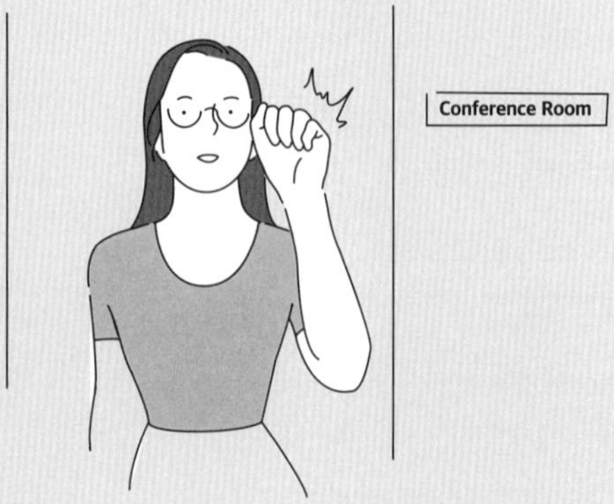

이렇게 사용하세요

상사에게 급하게 전달해야 할 메시지가 있는데 회의 중이라면 어떻게 할까요? 다짜고짜 회의실 문을 열고 메시지를 전달하면 큰일이 날 거예요. 조심스럽게 노크를 하고 먼저 '방해해서 죄송하다'라고 말하세요. 회의실 안에 있는 사람들에게 양해를 구한 후 메시지를 전달해도 늦지 않습니다. 또한 업무에 집중하고 있는 동료에게 말을 걸 때에도 '방해해서 죄송한데…'로 운을 띄울 수 있습니다.

이런 표현들과 함께 쓰여요

abrupt 돌연한, 느닷없는

unexpected 예기치 않은, 예상 밖의

cut short 갑자기 끝내다, 가로막다

interject 말참견을 하다

interruption 중단, (말을) 가로막음

disturb 방해하다

업그레이드해서 응용해 보세요

* **Excuse me for pointing this out, but the number seems off.**
  지적해서 죄송합니다만 숫자가 잘못된 것 같습니다.

* **I'm sorry to cut this short, but I'm needed at the lab.**
  중간에 끊어서 미안하지만 연구실에서 절 부릅니다.

* **I'm sorry to interrupt, but I have to be somewhere in an hour.**
  방해해서 죄송하지만 한 시간 안에 어디를 좀 가야 합니다.

* **Sorry to interrupt, but may I ask a question?**
  방해해서 죄송하지만 질문 하나 해도 될까요?

* **Excuse me, but may I jump in here?**
  실례지만, 제가 여기 껴도 될까요?

Unit 53

I'll be ready in an hour.

한 시간 안에 준비할게요.

★ 핵심 표현 ★

be ready ~

~에/~할 준비가 되다

A. Ready to code? I've got a few things I want to show you.
코딩할 준비 됐나요? 보여 드리고 싶은 게 몇 가지 있어요.

B. I'm almost done with the environment setup. I'll be ready in an hour.
환경 설정이 거의 끝났어요. 한 시간 안에 준비할게요.

이렇게 사용하세요

맡은 업무를 어느 정도 마쳤는지, 얼마큼의 분량이 남았는지 등의 진행 상황을 상대방에게 알려 줄 때 사용합니다. 구체적으로 며칠, 몇 시간 분량이 남았는지 함께 알려 준다면 더욱 좋겠죠. 이밖에도 공용으로 사용하는 물건, 예를 들어 프린터 같은 기물을 언제까지 사용할 예정인지 말해 준다면 다음 사람이 무작정 기다릴 필요가 없을 거예요. 어느 정도 완성했는지 그 정도를 표현해 보겠습니다.

이런 표현들과 함께 쓰여요

just started 막 시작했다
nearly finished 거의 끝났다
be halfway done 반 정도 마쳤다
just finished 막 끝났다

업그레이드해서 응용해 보세요

* **I'll be ready soon.**
  곧 준비하겠습니다.

* **I'll be ready by the time you get back.**
  당신이 돌아올 때까지 준비할게요.

* **I'm almost done with the printer.**
  프린터 사용 거의 끝났어요.

* **I just started pulling numbers.**
  이제 막 숫자를 뽑기 시작했어요.

* **I'm halfway done with the presentation slides.**
  발표 슬라이드를 반쯤 끝냈습니다.

* **I'm almost done. Could you give me a day or two?**
  거의 다 했어요. 하루나 이틀 정도 시간을 주시겠어요?

Unit 54

Just to add my two cents, I think the first version is the best.

제 의견을 덧붙이자면, 첫 번째 버전이 최고라고 생각해요.

★ 핵심 표현 ★

add one's two cents

의견을 덧붙이다

A. Now, I would like to know what you think about the two versions.

이제 두 가지 버전에 대해 어떻게 생각하는지 알고 싶습니다.

B. Just to add my two cents, I think the first version is more compelling.

제 의견을 덧붙이자면, 첫 번째 버전이 더 설득력이 있다고 생각해요.

이렇게 사용하세요

나의 의견을 강력하게 피력할 때도 있지만 가볍게 이야기해야 할 경우, 어떻게 톤을 낮출 수 있을까요? 이럴 때 'add my two cents'라고 덧붙이면 예의를 갖추는 동시에 겸손한 느낌을 줄 수 있습니다. 그런데 왜 two cents인지 아시나요? 여러 설이 있지만 가장 널리 알려진 건 오래전 잡지나 신문에 독자가 의견 제시를 할 때 2센트 엽서를 보냈다고 하는 데서 유래되었다고 합니다. 독자의 의견을 게시하는 건 편집장 마음이지만, 2센트 엽서로 자신의 의견을 전하는 건 누구나 가능했습니다.

이런 표현들과 함께 쓰여요

game changer 게임 체인저(혁신적인 사람이나 사건)

turning point 전환점

tipping point 전환점(누적된 것들이 엄청난 변화를 가져오는 시기)

inflection point 변곡점

critical stage 임계 단계

crossroad 교차로(기로에 서 있을 때 사용)

silver bullet 묘책

업그레이드해서 응용해 보세요

* **To add my two cents, I believe the first logo was more eye catching.**
  제 의견을 덧붙이자면, 첫 번째 로고가 더 눈길을 끌었다고 생각합니다.

* **Joanne always has to add her two cents for every idea.**
  조앤은 항상 모든 아이디어에 대해 자신의 의견을 더한다.

* **I would like to add my two cents before we wrap up.**
  마무리하기 전에 제 의견을 추가하고 싶습니다.

Unit 55

I've been offered a full time position.

저 정직원 제안을 받았어요.

★ 핵심 표현 ★

I've been offered ~

저 ~ 제안을 받았어요

A. You seem to be in a great mood. What's up?
기분이 아주 좋아 보이네요. 무슨 일이에요?

B. I've been offered a full time position.
정직원 제안을 받았어요.

이렇게 사용하세요

인턴에서 정직원으로 승진, A 부서에서 B 부서로 팀 이동, 본사에서 해외 지사로 지사 이동, 혹은 다른 회사에서 이직 제안을 받았을 때 사용하는 표현입니다. 이러한 제안을 받는다면 동료에게 고민 상담을 신청하고 싶을 수도 있을 텐데요, 이직 제안의 경우라면 정말 믿을 수 있는 동료에게만 말해야겠죠.

이런 표현들과 함께 쓰여요

full time position 정규직
raise 급여 인상
incentives 인센티브
bonus 보너스
job offer 일자리 제의
promotion 진급, 승진
commission 수수료

업그레이드해서 응용해 보세요

* **I've been offered a raise.**
월급 인상을 제안받았어요.

* **I've been offered a commission raise.**
저는 수수료 인상을 제안받았어요.

* **I've been given a job offer at the ABC Company.**
ABC 회사에서 일자리 제안을 받았어요.

* **I've been offered a promotion to a management position.**
관리직으로 승진 제안을 받았습니다.

* **I've been offered a position at a startup, but I wanted to talk to you first to see if there might be an opportunity for advancement here.**
스타트업에서 제안을 받았는데, 여기서 승진할 수 있는 기회가 있는지 먼저 상담하고 싶습니다.

Unit 56

This Friday is my last day.

이번 주 금요일이 제 마지막 근무일입니다.

★ 핵심 표현 ★

~ is one's last day

~가 …의 마지막 날입니다

A. I heard you are moving on. When is your last day?
다른 곳으로 간다고 들었어요. 마지막 근무일은 언제인가요?

B. This Friday is my last day.
이번 주 금요일이 제 마지막 근무일입니다.

이렇게 사용하세요

만남에는 끝이 있죠. 마지막 근무일을 알릴 때 사용하는 표현입니다. 그동안 함께 고생한 동료들에게 마지막 근무일을 알려 주고, 아름답게 마무리해 보세요. 언제 또 다른 회사에서 마주칠지 모르니까요. 미국은 통상적으로 퇴직 통보를 할 때 2주 전에 서면으로 알려야 합니다(2 weeks notice). 미국은 해고가 비교적 자유로운 편이나, 차별적인 해고라면 wrongful termination으로 사측은 소송을 당할 수도 있습니다.

이런 표현들과 함께 쓰여요

move on 이직하다

resignation 사직, 사임

notice period 퇴사 예고 기간

exit interview 퇴사 인터뷰

업그레이드해서 응용해 보세요

* **Today is my last day. I'm here to return my devices.**
오늘이 마지막 날입니다. 기기를 반납하러 왔습니다.

* **I've enjoyed our time working together.**
함께 일해서 즐거웠습니다.

* **It's been great getting to know you.**
당신을 알게 되어 정말 즐거웠습니다.

* **I couldn't have asked for a better team.**
이보다 더 좋은 팀은 없을 거예요.

* **Congratulations! I heard you are moving on.**
축하합니다! 이직하신다고 들었습니다.

* **I will miss my team and the company.**
팀과 회사가 그리울 겁니다.

Unit 57

Would you mind becoming a point of reference for me?

혹시 저의 추천인이 되어 주실 수 있으세요?

★ 핵심 표현 ★

Would you mind becoming ~?

혹시 ~이 되어 주실 수 있습니까?

A. Would you mind becoming a point of reference for me?
혹시 저의 추천인이 되어 주실 수 있으세요?

B. You can count on me.
걱정 마세요.

이렇게 사용하세요

퇴사를 할 때 챙겨야 할 것이 있습니다. 미리 이직할 곳을 찾은 상태가 아니라면 자신을 추천해 줄 사람을 꼭 확보해 두어야 하는데요. 전 직장 동료들에게 추천인이 되어 주겠다는 승낙을 받았다면, 이직을 하고자 하는 회사에서 레퍼런스 체크 단계에 돌입했을 때 그 사람들에게 문자나 이메일로 레퍼런스 체크를 진행하게 될 것임을 알려 주면 됩니다. 직장에서 좋은 평판을 쌓아 두는 것이 중요한 이유입니다.

이런 표현들과 함께 쓰여요

reference 추천인

letter of recommendation 추천서

letter of resignation 사직서

severance package 퇴직금 패키지

transition/handover 인수인계

업그레이드해서 응용해 보세요

* **Could you write me a letter of recommendation?**
  제 추천서를 써 주실 수 있을까요?
* **Do you think you could give me a positive reference?**
  저에게 긍정적인 추천을 해 주실 수 있으실까요?
* **Can I put you as my reference?**
  제가 당신을 추천인으로 써도 되겠습니까?
* **Could I list you as a reference on my job application?**
  입사 지원서에 추천인으로 등록해도 되나요?
* **Can I have your contact information so we can stay in touch?**
  계속 연락할 수 있도록 연락처를 알려 주시겠어요?

작문 챌린지

Part 4에서 배운 핵심 표현을 활용하여 우리말에 맞는 문장을 써 보세요.

1 저 내일 연차 낼 예정이에요.

____

2 확인해 보고 최대한 빨리 연락드리겠습니다.

____

3 얼마나 빨리 연락해 주실 수 있나요?

____

4 무슨 뜻인지 잘 모르겠어요.

____

5 제 보고서를 한번 봐 주실 수 있을까요?

____

정답 확인

1 I will be taking a personal day tomorrow.
2 I'll check and get back to you ASAP.
3 How soon can you get back to me?
4 I'm not quite clear what you mean by that.
5 Could you take a look at my report?

6 우리는 더 많은 노력을 기울이는 사람들이 필요합니다.

7 상사에게 아이디어를 보고했어요.

8 제 의견을 덧붙이자면, 첫 번째 버전이 최고라고 생각해요.

9 저 정직원을 제안받았어요.

10 혹시 저의 추천인이 되어 주실 수 있으세요?

6 We need people who go the extra mile.
7 I ran the ideas by my manager.
8 Just to add my two cents, I think the first version is the best.
9 I've been offered a full time position.
10 Would you mind becoming a point of reference for me?

Part 4. Bonus

자주 쓰이는 비즈니스 이디엄(Idioms)

❶ **Get the ball rolling.**	시작하세요.
❷ **It's up in the air.**	아직 정해진 게 없어요.
❸ **We may have to pull the plug on this project.**	우리는 이 프로젝트를 중단해야 할지도 몰라요.
❹ **We need to think outside the box.**	고정관념을 깰 필요가 있어요.
❺ **She went out on a limb to get that budget approved.**	그녀는 그 예산을 승인받기 위해 안간힘을 썼습니다.
❻ **I have a lot on my plate so I can't take on another project.**	나는 해야 할 일이 많아서 다른 프로젝트를 맡을 수 없어요.
❼ **Let's circle back to your point in our next meeting.**	다음 회의에서 그 부분에 대해 이야기해요.
❽ **It's a long shot but let's ask for the deadline extension.**	가능성은 낮지만 기한 연장을 요청합시다.

❾	Cut her some slack. **She just joined the team a week ago.**	그녀를 좀 봐줘요. 일주일 전에 팀에 합류했잖아요.
❿	**It's** a no-brainer**.**	매우 쉬운 결정입니다.
⓫	**What's the** ballpark number **on the new sign-ups?**	신규 가입자의 대략적인 수는 몇 명입니까?
⓬	**It'll take a few months for the project to** get off the ground**.**	그 프로젝트가 시작되기까지는 몇 달이 걸릴 것입니다.
⓭	**I'm sorry. My** hands are tied**.**	죄송합니다. 제가 해 드릴 수 있는 게 없네요.
⓮	**I** talked him out of **the deal.**	제가 거래를 하지 말라고 그를 설득했습니다.
⓯	**I** talked him into **joining our team.**	제가 그를 설득해서 우리 팀에 합류시켰어요.
⓰	**Our spending is** a drop in the bucket **compared to what other teams are spending.**	다른 팀들이 지출하는 금액에 비하면 저희의 지출은 매우 적습니다.

Part 5

BUSINESS ENGLISH

간결하게 핵심을 전달하는 이메일

격식 있는 이메일 작성의 고수가

반드시 체크해야 할 것

- ☑ 인사로 시작하기
- ☑ 이메일을 보내는 목적 밝히기
- ☑ 첨부파일이 있으면 꼭 언급하기
- ☑ 완곡하게 재촉하기
- ☑ 끝인사를 리마인드 기회로 활용하기

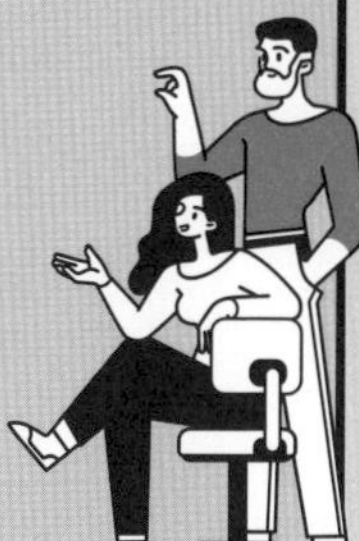

Unit 58

I hope this email finds you well.

잘 지내고 계시길 바랍니다.

★ 핵심 표현 ★

I hope ~

~하시기를 바랍니다

Hello, Dr. Chang. This is Lisa from the Springfield Corp.
I hope this email finds you well.

안녕하세요, 장 박사님. 스프링필드 사의 리사입니다. 잘 지내고 계시길 바랍니다.

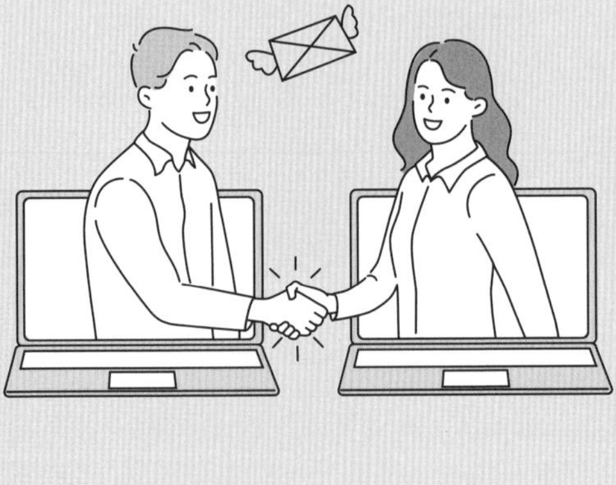

이렇게 사용하세요

업무용 메신저, 이메일, 컨퍼런스 콜 등 여러 업무 소통 방식 중 가장 많은 시간을 할애해서 정성을 쏟는 소통 수단은 이메일입니다. 특히 외부 소통의 경우 격식을 갖추어야 하고, 예의를 갖춘 표현들을 사용해야 오해나 불필요한 감정 소모를 막을 수 있어 미국에서는 '^^', '~', 이모지 등을 자제하는 편입니다. 따라서 격식 있는 인사 표현법은 반드시 미리 알아 두어야 합니다.

이런 표현들과 함께 쓰여요

break 휴식

greetings 인사, 인사말

pleasure 기쁨, 즐거움

in person 직접, 몸소

업그레이드해서 응용해 보세요

* **I hope you had a nice break.**
  즐거운 휴식을 보냈기를 바랍니다.

* **I hope you are enjoying your summer.**
  여름을 즐기고 있기를 바랍니다.

* **I hope you had a good weekend.**
  주말 잘 보냈기를 바랍니다.

* **It was a pleasure to meet you yesterday.**
  어제 만나서 반가웠어요.

* **It was great seeing you in person last Friday.**
  지난 금요일에 직접 만나서 반가웠어요.

Unit 59

I am writing to you regarding the training dates.

교육 날짜 관련하여 연락드립니다.

★ 핵심 표현 ★

I am writing to you regarding ~

~ 관련하여 연락을 드립니다

I am writing to you regarding the employee training dates. Our new hire will arrive next month. Will she be able to join mid-training?

직원 교육 날짜 관련하여 연락드립니다. 이번에 채용된 분이 다음 달에 입사하시는데요. 교육 중간에 합류가 가능할까요?

이렇게 사용하세요

이메일 첫 문장을 인사로 시작한 뒤, 이메일을 보낸 목적을 밝힙니다. 그것이 어려운 부탁이건, 재촉이건, 감사 표시이건 반드시 이메일을 보낸 목적을 본론 앞에 명시해 주고 그 뒤에 자세한 내용을 풀어 나가면 됩니다. 명심하세요! 이메일은 꼭 두괄식으로 작성합니다.

이런 표현들과 함께 쓰여요

objective 목적
favor 청, 부탁
employee training dates 직원 교육 날짜
employee luncheon 점심 회식
new hire 신규 채용자

업그레이드해서 응용해 보세요

* **I am writing to ask for a favor.**
  부탁이 있어서 연락을 드립니다.
* **I am writing to invite you to the employee luncheon.**
  직원 오찬에 초대하려고 연락을 드립니다.
* **I am reaching out because there was an issue with the invoice.**
  청구서에 문제가 있어서 연락드립니다.
* **I wanted to let you know that the company retreat is canceled due to the weather.**
  날씨 때문에 회사 수련회가 취소되었다는 것을 알려 드립니다.
* **I'm contacting you to let you know that your request has been processed.**
  요청하신 사항이 처리되었음을 알려 드리기 위해 연락드립니다.

Unit 60

This is a friendly reminder that the document needs to be signed.

서류에 서명하셔야 한다는 것을 알려 드립니다.

★ 핵심 표현 ★

This is a friendly reminder that ~

~라는 것을 알려 드립니다

I hope you had a pleasant weekend. This is a friendly reminder that the document needs to be signed by this week.

좋은 주말 보내셨기를 바랍니다. 서류에 이번 주까지 서명하셔야 한다는 것을 알려 드립니다.

이렇게 사용하세요

중요한 미팅을 앞두고 있거나 마감일이 임박했을 때, 상대방에게 상기시켜야 하는 상황이 있죠. 이때 너무 부담 주지 않는 수위에서 은근히 재촉할 수 있는 표현입니다. 'reminder' 앞에는 'gentle', 'friendly', 'quick' 등을 활용하여 표현을 완화할 수 있고, 더 완화시키고 싶다면 "This is just a friendly reminder."와 같이 'just'를 추가해 주면 됩니다. 외부 관계자, 상사 등 재촉하기에 부담이 느껴지는 사람들에게 사용해 주세요.

이런 표현들과 함께 쓰여요

timely reminder 시기적절한 리마인더
caution 경고, 주의
heads-up 알림, 경고
contract 계약서
e-signature 전자서명
e-sign 전자서명을 하다

업그레이드해서 응용해 보세요

* **This is a friendly reminder that your evaluation form is due today.**
  평가 양식 제출이 오늘까지임을 알려 드립니다.
* **I just wanted to give you all a heads-up that we will be discussing the new policy change during today's meeting.**
  오늘 회의에서 새로운 정책 변경에 대해 논의할 예정임을 미리 알려 드립니다.
* **Just a gentle reminder that there is a company hackathon tomorrow.**
  내일 회사 해커톤이 있음을 다시 한번 알려 드립니다.
* **Just a quick note to let you know that the QA team is waiting for our reply.**
  QA 팀이 우리의 답변을 기다리고 있다는 것을 알려 드립니다.

Unit 61

Your quick response would be appreciated.

빠른 답변 부탁드립니다.

★ 핵심 표현 ★

~ would be appreciated

~을 부탁드립니다

Did you get a chance to discuss my previous request? My manager is asking for an update. Your quick response would be appreciated.

전에 부탁한 것에 대해 의논할 기회가 있었나요? 매니저가 업데이트를 요청하고 있습니다. 빠른 답변 부탁드립니다.

이렇게 사용하세요

이메일뿐만 아니라 대화에서도 굉장히 많이 사용되는 완곡한 재촉 표현입니다. '제 이메일을 확인했나요?', '코드를 검토하셨나요?', '예산 승인을 하셨나요?' 등 업무상 모든 상황에서 활용할 수 있는 매우 유용한 표현입니다. 아래의 표현과 예문에서 다양한 강도의 재촉 표현을 살펴보시고 급한 정도에 따라 상황에 맞게 활용해 보세요.

이런 표현들과 함께 쓰여요

time-sensitive 분초를 다투는, 급한
take care of ~ ~을 처리하다
top priority 최우선 과제
pressing 긴급한
nonessential 중요치 않은
flexible schedule 융통성이 있는 일정

업그레이드해서 응용해 보세요

* **This is time-sensitive.**
  이건 빨리 처리해야 합니다.

* **I'd be grateful if you can take care of this as soon as possible.**
  최대한 빨리 처리해 주시면 감사하겠습니다.

* **This is our top priority. Could you have it done by tomorrow afternoon?**
  이것이 우리의 최우선 과제입니다. 내일 오후까지 해 주시겠어요?

* **Please let me know as soon as you can.**
  가능한 한 빨리 알려 주십시오.

* **I look forward to your reply.**
  답장을 기다리겠습니다.

Unit 62

I've attached the quote for your review.

첨부된 견적서를 확인해 주세요.

★ 핵심 표현 ★

I've attached ~

~을 첨부합니다

I've attached the quote for your review. It lists the items you mentioned over the phone.

첨부된 견적서를 확인해 주세요. 전화로 언급한 항목이 포함되어 있습니다.

이렇게 사용하세요

파일을 첨부할 때는 이메일에 꼭 첨부 파일이 있음을 언급해야 상대방이 첨부된 파일을 놓치지 않고 확인할 수 있습니다. 파일이 여러 개라면 어떤 파일들을 전송하는지 목록을 적어 줘도 좋습니다. 이메일을 보내기 전과 후, 파일이 첨부되었는지 꼭 확인하세요. 만약 첨부를 깜빡하고 이메일을 보냈다면 앞서 보낸 메일에 답글로 파일을 첨부하고 "Sorry! Almost forgot the files. See attached."와 같이 간단한 메시지를 적어 주세요.

이런 표현들과 함께 쓰여요

quote/quotation 견적서	virus scan 바이러스 스캔
invoice 청구서	file size 파일 용량
brochure 브로셔, 책자	compress 압축
flyer 전단지	spam filter 스팸 필터
attachment 첨부 파일	inbox 받은 편지함

업그레이드해서 응용해 보세요

* **I've attached the cost breakdown.**
비용 내역서를 첨부합니다.

* **I've attached my résumé for your review.**
제 이력서를 첨부했습니다.

* **Let me know if you have questions about the attachment.**
첨부 파일에 대해 궁금한 점이 있으면 알려 주세요.

* **See attached.**
첨부 파일을 참조하세요.

Unit 63

I just wanted to follow up on my email.

제 이메일에 대해 팔로우업하고자 합니다.

★ 핵심 표현 ★

follow up on ~

~에 대해 후속 조치를 취하다 / ~에 대해 팔로우업하다

Hope you're having a great week! I just wanted to follow up on my email from last Monday. Are you available next week to chat?

즐거운 한 주를 보내고 있기를 바랍니다! 지난 월요일에 보낸 제 이메일에 대해 팔로우업하고자 합니다. 다음 주에 이야기 나눌 수 있을까요?

이렇게 사용하세요

'follow up'은 일이 진척될 수 있도록 후속 조치를 취할 때 쓰는 표현입니다. 팔로우업 건으로 연락을 할 때는 미팅에서 언급된 것에 대한 내용인지, 전화로 이야기했던 내용인지 등 어떤 건에 대한 follow up인지를 정확하게 밝혀 주세요. 명확한 정보가 드러날수록 소통이 훨씬 원활해집니다.

이런 표현들과 함께 쓰여요

opportunity to collaborate 협력할 수 있는 기회

approval status 승인 상태

previous email 이전 메일

the new hire 신규 채용

job application 입사 지원서

업그레이드해서 응용해 보세요

* **I just wanted to follow up on our conference call.**
  컨퍼런스 콜 팔로우업을 위해 연락드립니다.

* **Jenna will follow up with you on this matter.**
  제나가 이 일을 팔로우업할 예정입니다.

* **I wanted to follow up on my previous email about the approval status.**
  이전 이메일에 언급한 승인 상태에 대해 팔로우업하려고 합니다.

* **I wanted to follow up on the new hire.**
  신규 채용 건에 대해 팔로우업하고자 합니다.

* **I would like to follow up on my job application.**
  제 입사 지원서에 대해 팔로우업하고자 합니다.

Unit 64

Could you please take five minutes?

5분만 시간을 내 주시겠어요?

★ 핵심 표현 ★

Could you please ~?

~을 해 주시겠어요?

Could you please take five minutes and fill out this form for us? It would help us improve the product. Your feedback would be greatly appreciated!

5분만 시간을 내서 이 설문을 작성해 주시겠어요? 우리가 제품을 개선하는 데 도움이 될 것입니다. 피드백을 주시면 대단히 감사하겠습니다!

이렇게 사용하세요

부탁을 하는 이메일을 작성할 때는 액션을 유도하는 Call-to-Action (CTA, 콜투액션)을 포함해야 합니다. 콜투액션은 명료한 것이 효과적입니다. 설문을 작성해 달라, 피드백을 달라 등 어떠한 액션을 취해야 하는지 명료하게 밝혀야 하죠. 또한 심적 장벽을 낮추기 위해 '5분만 할애해서', '잠시만 시간을 내 주셔서' 등의 얼마 걸리지 않는 간단한 액션이라는 문구도 함께 넣는 것이 좋습니다.

이런 표현들과 함께 쓰여요

survey 설문
form 양식, 폼
sign 서명하다
overview 개요
survey results 설문 결과
Call-to-Action (CTA) 콜투액션(액션(클릭) 유도 장치)

업그레이드해서 응용해 보세요

* **Could you please give us five minutes of your time to answer these questions?**
  5분만 시간 내서 이 질문들에 답변해 주실 수 있을까요?

* **Could you please take a moment to give us your feedback?**
  잠시 시간을 내어 피드백을 주실 수 있습니까?

* **Could you help us out by filling out this form?**
  이 양식을 작성해서 우리를 도와주실 수 있나요?

* **Could you please introduce me to Michael?**
  마이클을 소개해 주시겠어요?

Unit 65

As mentioned in my email, the platform will go live soon.

제 이메일에서 언급했듯이, 플랫폼은 곧 가동될 것입니다.

★ 핵심 표현 ★

As mentioned in ~

~에서 언급했듯이

As mentioned in my previous email, the platform will go live as soon as we get approval from the QA team. There isn't much we can do about the delay on their part.

이전 이메일에서 언급했듯이, 플랫폼은 QA팀의 승인을 받는 즉시 가동될 것입니다. 그들의 지연에 대해서 우리가 할 수 있는 일은 많지 않습니다.

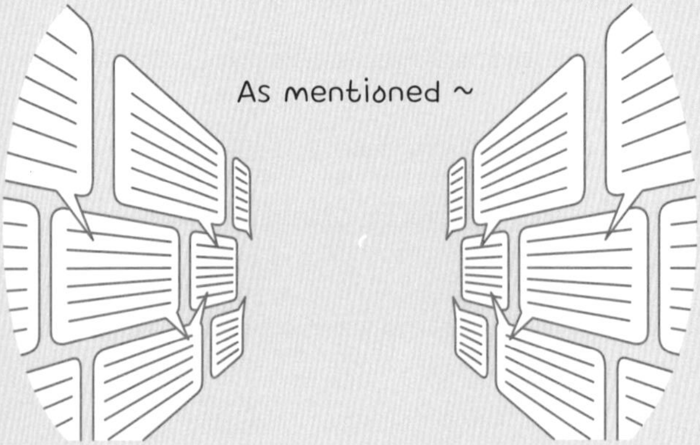

이렇게 사용하세요

이메일을 받는 사람도 이미 알고 있는 내용이라는 것을 넌지시 언급할 때 사용하는 표현입니다. 전화 통화나 구두로 이야기된 내용이 서면으로 남아 있지 않을 경우, 이 표현을 사용해서 양측이 히스토리를 공유할 수 있도록 합니다. 특히 여러 명이 이메일 참조로 포함되어 있을 때, 이 표현을 사용하여 커뮤니케이션 히스토리를 남길 수 있습니다. 서로 소통하고 있음을 명확히 할 수 있도록 이 표현을 사용해 보세요.

이런 표현들과 함께 쓰여요

bring up 이야기를 꺼내다

insinuate 암시하다

allude 넌지시 언급하다

imply 의미하다

touch on ~ ~에 관해 언급하다

hint at ~ ~을 넌지시 비치다

업그레이드해서 응용해 보세요

* **As mentioned in our previous meeting, we need to ship before the holidays.**
  이전 회의에서 언급했듯이, 연휴 전에 배송해야 합니다.

* **As mentioned in our last conversation, we're planning to purchase your product next month.**
  지난번 대화에서 언급했듯이, 우리는 다음 달에 당신의 제품을 구매할 계획입니다.

* **As brought up by Jeff, we need to make sure all links are updated.**
  제프가 제기한 대로, 우리는 모든 링크가 업데이트되었는지 확인해야 합니다.

* **As mentioned in the contract, payment is due on the 15th of each month.**
  계약서에 명시된 대로 매월 15일에 대금을 지불해야 합니다.

Unit 66

I'd like to schedule a meeting this Friday.

이번 주 금요일에 회의 일정을 잡고 싶습니다.

★ 핵심 표현 ★

I'd like to schedule ~

~에 일정을 잡고 싶습니다

There are so many moving parts to this project. It looks like we'll need a good chunk of time to discuss the execution plan. I'd like to schedule a meeting this Friday if you are available.

이 프로젝트에는 변동되는 부분이 너무 많습니다. 우리가 실행 계획에 대해 토론하려면 상당한 시간이 필요할 것 같습니다. 당신이 가능하다면 이번 주 금요일에 회의 일정을 잡고 싶습니다.

이렇게 사용하세요

요즘은 그룹 미팅, 면접, 데모(프로그램의 성능을 보여 주기 위한 시범) 등의 일정을 잡을 때 스케줄러 툴을 많이 활용합니다. 스케줄러를 활용하면 양쪽의 캘린더에 일정이 자동 생성이 되어 매우 편리하죠. 스케줄러로 약속을 잡을 때는 대략적인 날짜를 언급하면서 스케줄러 링크를 함께 보내고, 스케줄러를 사용하지 않는다면 날짜와 시간을 합의한 뒤 먼저 미팅을 제안한 쪽에서 일정(calendar invite)을 보내면 됩니다.

이런 표현들과 함께 쓰여요

ten to five 다섯 시 십 분 전

quarter past three 세 시 십오 분

PST (Pacific Standard Time) 미국·캐나다 서부 표준시

CST (Central Standard Time) 미국·캐나다 중부 표준시

EST (Eastern Standard Time) 미국·캐나다 동부 표준시

업그레이드해서 응용해 보세요

* **I am available this Wednesday afternoon if that's convenient for you.**
  괜찮으시다면 저는 이번 주 수요일 오후에 가능합니다.

* **I'm afraid I can't make it tomorrow.**
  내일은 안 될 것 같아요.

* **I'll let you know my availability over the next few days.**
  앞으로 며칠 동안 제가 가능한 시간을 알려 드리겠습니다.

* **I'm open on Wednesday the 23rd from 1-4 PM (EST) and Thursday the 24th at 2 PM and 5 PM.**
  23일 수요일 오후 1-4시(EST), 24일 목요일 오후 2시, 5시에 가능합니다.

Unit 67

Unfortunately, we are unable to fix the bug.

안타깝게도, 우리는 그 버그를 고칠 수 없습니다.

★ 핵심 표현 ★

Unfortunately, we are unable to ~

안타깝게도, 우리는 ~할 수 없습니다

Unfortunately, we are unable to **fix the bug right away.**
We'll try to push it up the priority list.

안타깝게도, 우리는 그 버그를 바로 고칠 수 없습니다. 우선순위를 올려 보도록 하겠습니다.

이렇게 사용하세요

안 좋은 소식을 전달할 때 어떻게 운을 떼면 좋을까요? 어렵겠지만 빙 돌려 말하지 말고 두괄식으로 언급해 주는 것이 좋습니다. 대신 상대방이 상황을 이해할 수 있도록 명료하게 설명해 주세요. 그래야 상대방도 다른 방법을 빠르게 찾아볼 수 있을 테니까요.

이런 표현들과 함께 쓰여요

despite ~ ~에도 불구하고

out of one's hands ~의 손을 떠나다, 권한 밖이다

apology 사과

apologize 사과하다

업그레이드해서 응용해 보세요

* **Unfortunately, we are unable to answer your call at this moment.**
  안타깝게도 지금은 전화를 받을 수 없습니다.

* **Despite my best efforts, I wasn't able to get a discount.**
  제가 최선을 다했음에도 불구하고, 할인을 받을 수 없었습니다.

* **I'm afraid it will not be possible to recover the files.**
  파일을 복구하는 것은 불가능할 것 같습니다.

* **I'm sorry, but it's out of my hands.**
  미안하지만 그건 제 권한 밖입니다.

* **I regret to inform you that we won't be able to proceed with the interview due to sudden company restructuring.**
  유감스럽게도 갑작스러운 회사 구조조정으로 인해 면접을 진행하지 못하게 되어 안내드립니다.

Unit 68

I will keep you posted on the status.

계속해서 상황에 대해 업데이트해 드릴게요.

★ 핵심 표현 ★

keep someone posted

~에게 계속해서 업데이트해 주다

Thank you for reaching out. The item has been shipped this morning. I will keep you posted on its shipping status.

연락해 주셔서 감사합니다. 그 물건은 오늘 아침에 배송되었습니다. 계속해서 배송 상황을 업데이트해 드리겠습니다.

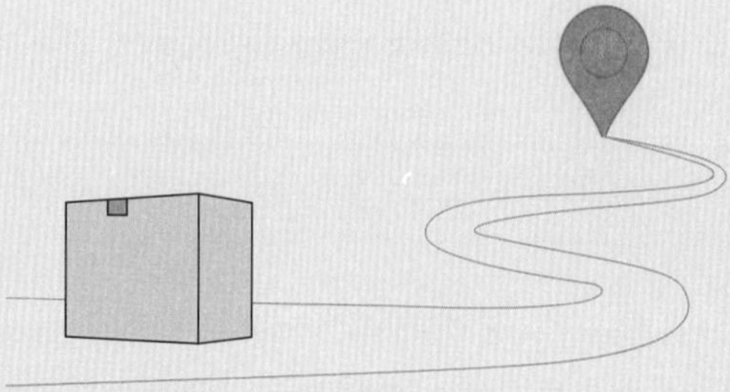

이렇게 사용하세요

선적 상황, 개발 진척, 클라이언트 소통 등 업무가 어떻게 진행되고 있는지 여러 사람과 지속적으로 공유를 해야 할 때가 있죠. 업무 변동 사항에 대해 지속적으로 누군가에게 업데이트를 하거나 받아야 할 때 사용할 수 있는 표현입니다.

이런 표현들과 함께 쓰여요

receive no news/updates/words from ~ ~에게서 아무 소식도 못 받다

keep ~ in the loop ~에게 계속해서 업데이트해 주다

ping [비격식] 이메일, 문자를 보내다

업그레이드해서 응용해 보세요

* **Keep me in the loop.**
  진행 상황을 지속적으로 알려 주세요.

* **Please keep me updated on the sales lead.**
  영업 리드에 대한 최신 정보를 계속 알려 주세요.

* **Let me know how it goes.**
  어떻게 되어 가는지 제게 알려 주세요.

* **I'll let you know if anything changes.**
  변동 사항이 있으면 알려 드리겠습니다.

* **Give me a heads up.**
  미리 알려 주세요.

* **Ping me when it's fixed.**
  다 고치면 제게 연락 주세요.

Feel free to email me with any questions.

질문이 있으시면 부담 없이 이메일을 보내 주십시오.

★ 핵심 표현 ★

Feel free to ~

부담 없이 ~하세요

This video will guide you through the setup process. Feel free to email me with any questions.

이 영상에서 설정 과정을 안내받을 수 있습니다. 질문이 있으시면 부담 없이 이메일을 보내 주십시오.

이렇게 사용하세요

이메일 마무리에 자주 등장하는 표현으로, 특히 상대방이 자신에게 질문이 있다면 부담 없이 연락해도 좋음을 표현하고 싶을 때 격식 있게 전달할 수 있습니다. 만약 세일즈 이메일이라면 한 통의 연락이 큰 업무 성사로 이어질 수 있으므로 상대방의 부담을 덜어 주는 이 표현을 알아 두면 좋겠죠.

이런 표현들과 함께 쓰여요

reach out 연락하다

via ~을 통해

further information 자세한 정보

hesitate 주저하다, 망설이다

업그레이드해서 응용해 보세요

* **Feel free to reach out to me via email or phone.**
  이메일이나 전화로 언제든지 연락하세요.
* **Feel free to send me any questions you may have.**
  궁금한 점이 있으시면 언제든지 저에게 보내 주십시오.
* **Feel free to contact me if you need any further information.**
  더 필요한 정보가 있으면 언제든지 연락하세요.
* **Please don't hesitate to contact me.**
  주저 말고 제게 연락주세요.
* **Let me know if you need any help.**
  도움이 필요하시면 알려 주세요.

Unit 70

I look forward to meeting you next Monday.

다음 주 월요일에 뵙기를 기대합니다.

★ 핵심 표현 ★

look forward to ~

~를 기대합니다

I hope I haven't troubled you with too many questions.
I look forward to meeting you next Monday.

너무 많은 질문으로 당신을 귀찮게 하지 않았기를 바랍니다. 다음 주 월요일에 뵙기를 기대합니다.

이렇게 사용하세요

끝인사를 하는 동시에 은근히 내용을 상기시키거나 재촉을 할 수 있는 유용한 표현입니다. "I look forward to meeting you next Monday."는 마무리 인사인 동시에 "우리 다음 주 월요일에 미팅 있는 거 알고 있죠?"라는 의미를 내포하고 있습니다. 상대방의 입장에서는 절대 잊으면 안 된다는 각성을 할 수 있어요.

이런 표현들과 함께 쓰여요

hear from ~ ~로부터 소식을 듣다

quick response 빠른 답변

in advance 미리

pass ~ on ~을 넘겨주다

업그레이드해서 응용해 보세요

* **I look forward to hearing from you soon.**
  빠른 답장 기다리고 있겠습니다.
* **Thank you in advance.**
  미리 감사드립니다. / 잘 부탁드립니다.
* **Thank you for everything.**
  여러 가지로 고마워요.
* **Please pass this info on to anyone interested.**
  이 정보에 관심 있을 모든 사람에게 전달해 주십시오.
* **I appreciate your quick response.**
  신속한 답변 감사드립니다.

Unit 71

For urgent matters, please reach out to Janet.

급한 용무는 재닛에게 연락해 주세요.

★ 핵심 표현 ★

For urgent matters, ~

급한 용무가 있으시면, ~

I'm currently out of the office until Monday, January 6 to attend a conference, so my response time will be delayed. For urgent matters, please reach out to Janet (janet@~) for immediate assistance.

현재 컨퍼런스 참석으로 1월 6일 월요일까지 부재중이어서, 답변 시간이 지연될 것입니다. 급한 용무는 재닛(janet@~)에게 연락하여 도움을 요청하세요.

이렇게 사용하세요

휴가를 가거나 컨퍼런스, 출장 등으로 장기간 자리를 비워야 할 때 자동 회신을 반드시 설정해야 합니다. 자동 회신 이메일에는 필수적으로 언제부터 언제까지 자리를 비우는지, 회신 가능 여부, 긴급 연락망 등을 포함해야 합니다. 자동 전달 기능의 경우 전달받는 팀원에게 큰 부담을 주는 것이므로 자동 회신을 설정하는 것이 일반적입니다.

이런 표현들과 함께 쓰여요

urgent matter 긴급한 사항

auto forwarding 자동 전달

auto reply 자동 답장

canned response 미리 준비된 답변

업그레이드해서 응용해 보세요

* **I will be out of the office from Wednesday to Friday.**
  수요일부터 금요일까지 부재중입니다.

* **I am at the conference until this Sunday and may be slow to reply until then.**
  이번 주 일요일까지 컨퍼런스에 참가할 예정이라서 응답이 늦어질 수 있습니다.

* **Should the matter be important, please contact Jenny in my absence.**
  중요한 일이 있으면 제가 없는 동안 제니에게 연락해 주십시오.

* **Thank you for your email. I am out of the office from May 15th to the 18th and will be unable to respond at this time.**
  이메일 감사합니다. 5월 15일부터 18일까지 부재중이어서 이 시기에는 응답할 수 없을 것입니다.

Unit 72

I forwarded the email to Casey an hour ago.

한 시간 전에 케이시에게 이메일을 전달했습니다.

★ 핵심 표현 ★

forward the email to ~

~에게 이메일을 전달하다

I am writing to inform you that I have forwarded your email regarding the shipment to the person in charge, Joyce Chang, for further review and action.

추가 검토 및 조치를 위해 배송에 관한 귀하의 이메일을 담당자인 조이스 장에게 전달했음을 알려드립니다.

이렇게 사용하세요

다른 담당자가 맡아야 하는 용무이거나, 여러 명이 알고 있어야 하는 정보가 이메일로 오는 경우, 반드시 이메일을 전달해 주세요. 전달하지 않은 경우 책임을 지게 될 수도 있습니다. 상대방이 귀찮아할까 봐 망설여지나요? 그럴 필요 없습니다. "Over-communication is better than none." 지나친 소통은 없는 것보다 낫습니다.

이런 표현들과 함께 쓰여요

forward 전달
reply 답장
CC 참조
BCC 숨은 참조
content 내용
signature 서명
subject line 제목

업그레이드해서 응용해 보세요

* **Jess forwarded me the email.**
  제스가 나에게 이메일을 전달했습니다.

* **Could you forward me the email?**
  그 이메일 저에게 전달해 주시겠어요?

* **Please CC me on all future correspondence.**
  앞으로의 모든 서신에 저를 참조해 주십시오.

* **When sending a group email, be sure to BCC the receivers.**
  그룹 이메일을 보낼 때 수신자를 숨은 참조에 넣어야 합니다.

작문 챌린지

Part 5에서 배운 핵심 표현을 활용하여 우리말에 맞는 문장을 써 보세요.

1 교육 날짜 관련하여 연락드립니다.

____

2 서류에 서명하셔야 한다는 것을 알려 드립니다.

____

3 첨부된 견적서를 확인해 주세요.

____

4 제 이메일에 대해 팔로우업하고자 합니다.

____

5 제 이메일에서 언급했듯이, 플랫폼은 곧 가동될 것입니다.

____

정답 확인

1 I am writing to you regarding the training dates.
2 This is a friendly reminder that the document needs to be signed.
3 I've attached the quote for your review.
4 I just wanted to follow up on my email.
5 As mentioned in my email, the platform will go live soon.

6 안타깝게도, 우리는 그 버그를 바로 고칠 수 없습니다.

7 계속해서 상황에 대해 업데이트해 드릴게요.

8 당신의 빠른 답변 기대합니다.

9 급한 용무는, 재닛에게 연락해 주세요.

10 제스가 나에게 이메일을 전달했습니다.

6 Unfortunately, we are unable to fix the bug.
7 I will keep you posted on the status.
8 I look forward to your quick response.
9 For urgent matters, please reach out to Janet.
10 Jess forwarded me the email.

유용한 이메일 샘플

미팅 요청 이메일

미국에서는 cold email(제품 홍보/판매 등의 목적으로 모르는 사람에게 보내는 이메일)을 보내는 게 매우 흔한 일입니다. 그러니 잠재 고객들에게 망설이지 말고 이메일을 보내 보세요. 그중 몇은 분명 반응을 보일 겁니다. 특히 한 번이라도 접점이 있었다면 진지하게 답을 할 확률이 훨씬 높아집니다.

제목: **Pleasure to learn more about 〔회사 이름〕 – request for meeting**

Hello 〔상대방 이름〕,

This is 〔나의 이름〕 from 〔회사 이름〕. It was great talking to you at the 〔행사 이름〕 conference. I looked up your product and I'm interested in exploring how we can collaborate in the near future.
I have a few ideas and would like to schedule a call to discuss this further.
If this sounds like something you would like to explore, please schedule a call with me here: 〔스케줄러 링크〕

Let me know if you have any questions. I look forward to hearing from you. Thanks!

Best regards,
〔나의 이름〕

안녕하세요, A씨,

저는 B사의 C입니다. D 컨퍼런스에서 뵙게 되어 반가웠습니다. 귀사의 제품을 살펴보았고, 머지않은 미래에 어떻게 협업할 수 있을지 고민해 보았습니다.
몇 가지 아이디어가 있는데, 조만간 유선상으로 논의할 수 있게 일정을 잡았으면 합니다.
고려해 볼 만하시면 다음의 일정 링크에 통화 일정을 적어 주세요.

궁금하신 게 있으시면 언제든 연락 주시고, 소식을 기대하겠습니다. 감사합니다!

C 드림

재촉하는 이메일

상대편이 서둘러 해 줘야 하는 일이 있는데 소식이 없습니다. 너무 강압적이지 않으면서 점잖게 닦달할 수 있는 방법이 있을까요? 양식을 채워서 급하게 보내 달라는 내용으로 아래 이메일을 활용해 보세요.

제목: **Action required**

Dear 〔상대방 이름〕**,**

I'm contacting you with an urgent request that requires your attention. As you may know, the project is time-sensitive and would require your information to move things forward.
Could you make sure to fill out the form by 〔날짜〕**?**

Your help in this matter is greatly appreciated. Let me know if there's anything I can assist you with to expedite this.

Sincerely,

〔나의 이름〕

A씨께.

급한 요청이 있어서 연락드립니다. 아시다시피 프로젝트가 분초를 다투는 건이라, 일을 진척시키기 위해 귀하의 정보가 필요합니다. B일까지 양식을 채워서 보내 주실 수 있을까요?

이 일에 협조해 주셔서 진심으로 감사합니다. 일을 신속하게 진행하기 위해 제가 도와야 할 일이 있으면 무엇이든 말씀하세요.

감사합니다.

C 드림

Part 6

BUSINESS ENGLISH

핵심 인재의 능력, 어려운 상황 타파하기

곤란한 상황에서 정면 승부하기

- ☑ 실수는 빨리 잊고 중요한 일에 집중할 것
- ☑ 감당 안 되는 문제는 윗선에 빠르게 보고하기
- ☑ 내 권한 밖의 일인지 아닌지 판단하기
- ☑ 부탁할 땐 최대한 공손하게
- ☑ 업무 관련 약자는 미리 익혀 두기

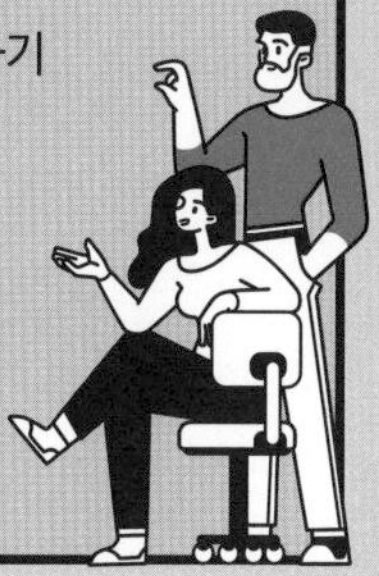

Unit 73

I'm sorry I'm late.

늦어서 죄송합니다.

★ 핵심 표현 ★

I'm sorry I'm ~

제가 ~해서 죄송합니다

A. I'm sorry I'm **late. I was stuck in traffic.**
늦어서 죄송합니다. 길이 막혀서 꼼짝을 못했어요.

B. **Come on in. We just started.**
어서 들어오세요. 이제 막 시작했어요.

이렇게 사용하세요

출근이나 미팅 시간에 늦었다면 어떨까요? 생각만 해도 정말 끔찍한 상황이죠. 이러한 상황에서는 짧고 정중하게 사과하고, 본인의 역할을 충분히 다하면 됩니다. 구구절절한 설명은 미팅이 끝나고 해도 되니까요. 물론 또다시 늦으면 동료나 고객에게 신뢰를 잃을 수 있으니 약속 시간은 꼭 지켜 주세요.

이런 표현들과 함께 쓰여요

run late (예정보다) 늦어지다

apologize 사과하다

hold ~ up ~를 지체시키다

keep ~ waiting ~를 기다리게 하다

업그레이드해서 응용해 보세요

* **Sorry, I'm late. The last meeting ran late.**
  늦어서 미안해요. 이전 회의가 늦게 끝났습니다.
* **I'm sorry for being late. I was on a customer call.**
  늦어서 죄송합니다. 고객 전화를 받고 있었어요.
* **I apologize for being late. I didn't hear my alarm.**
  늦어서 죄송합니다. 알람 소리를 못 들었어요.
* **Sorry for holding you up.**
  기다리게 해서 죄송합니다.
* **Sorry to keep you waiting.**
  기다리게 해서 죄송합니다.
* **My train/bus/subway was delayed.**
  기차/버스/지하철이 지연되었습니다.

Unit 74

I was about to leave.

이제 막 퇴근하려고 했어요.

★ 핵심 표현 ★

be about to ~

막 ~하려고 하다

A. Do you have time to correct the reports?
보고서를 수정할 시간이 있습니까?

B. I'm sorry. I was about to leave. I have dinner plans.
죄송해요. 이제 막 퇴근하려고 했어요. 저녁 약속이 있어요.

이렇게 사용하세요

막 퇴근하려던 참에 누군가 일을 부탁하면 당황스럽죠. 정말 도움을 주고 싶어도 퇴근 후 약속이 있어서 거절해야 할 수도 있습니다. 그럴 땐 '막 퇴근하려고 했다'고 말해 주세요. 그래도 부탁한다면 정말 급한 일일 것이고, 급한 일이 아니라면 동료도 내일을 기약할 거예요. 이 표현은 '막 점심 먹으러 가려고 했다', '막 이메일 보내려고 했다'처럼 바로 지금 무언가를 하려고 했음을 나타낼 때 유용하게 사용할 수 있습니다.

이런 표현들과 함께 쓰여요

get off work 퇴근하다

leave the office 퇴근하다

leave work 퇴근하다

sign off 퇴근하다(원격 근무 시)

업그레이드해서 응용해 보세요

* **I was about to take a lunch break.**
  막 점심을 먹으려던 참이었어요.

* **I was about to send you the email.**
  당신에게 이메일을 보내려던 참이었어요.

* **I was about to call you.**
  당신에게 막 전화하려던 참이었어요.

* **I was about to step out.**
  이제 막 나가려던 참이었어요.

* **We were about to order lunch.**
  우리는 막 점심을 주문하려던 참이었어요.

Unit 75

I'm afraid I can't guarantee the arrival date.

죄송하지만 도착 날짜는 장담할 수 없습니다.

★ 핵심 표현 ★

I'm afraid ~

죄송하지만/유감스럽게도 ~

A. Can you make sure the product arrives before December 5th?

제품이 12월 5일 전에 도착하도록 해 줄 수 있나요?

B. I'm afraid I can't guarantee the arrival date.

죄송하지만 도착 날짜는 장담할 수 없습니다.

이렇게 사용하세요

여기서 'I'm afraid'는 '나는 두렵다'라는 뜻이 아닙니다. 상대를 실망시킬 만한 소식, 안 좋은 예감을 전할 때 사용하는 표현입니다. 미팅에 참석할 수 없을 때, 거절을 할 때, I'm afraid로 문장을 시작하면 보다 예의를 갖춘 느낌을 줄 수 있습니다. 잘만 사용하면 어려운 얘기도 술술 풀어낼 수 있어요.

이런 표현들과 함께 쓰여요

scope of the meeting 회의 범위
arrival date 도착 날짜
guarantee 보장하다
oversight 실수
make it on time 제시간에 도착하다

업그레이드해서 응용해 보세요

* **I'm afraid that's outside the scope of this meeting.**
  유감스럽게도 그것은 이 회의의 범위를 벗어납니다.
* **I'm afraid I can't join the meeting today.**
  오늘 회의에 참석할 수 없을 것 같습니다.
* **I'm afraid he might have forgotten about the event.**
  그가 행사를 잊어버린 것이 아닌가 싶네요.
* **I'm afraid I won't be able to make it on time.**
  제시간에 못 갈 것 같아요.
* **I'm afraid there's been an oversight on our part.**
  저희 쪽에서 실수가 있었던 것 같습니다.
* **I'm afraid I missed the point.**
  요점을 놓친 것 같아 죄송합니다.

Unit 76

You're breaking up.

연결이 자꾸 끊어집니다.

★ 핵심 표현 ★

~ be breaking up

~이 자꾸 끊어지네요

A. The report indicates that the …

보고서에 의하면…

B. I can't understand what you are saying.
You're breaking up.

뭐라고 하는지 모르겠어요. 연결이 자꾸 끊어집니다.

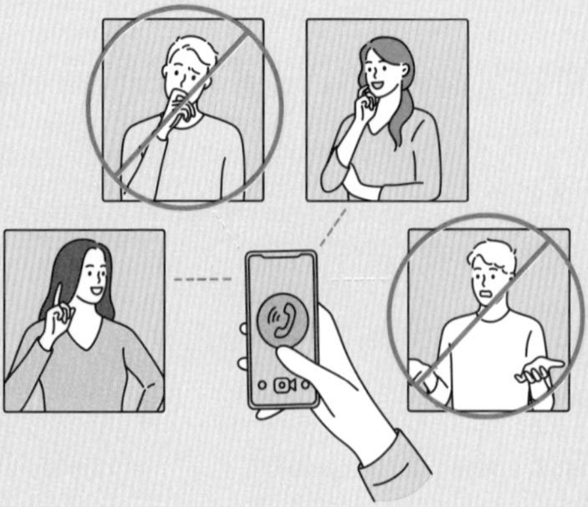

이렇게 사용하세요

보통 'break up'이라고 하면 '헤어지다'라는 뜻이 가장 먼저 떠오를 텐데요. 원격 미팅에서는 접속이 원활하지 않아 연결이 끊기는 상황을 묘사하는 표현입니다. 최근 재택근무를 하는 회사가 많아지면서 이런 상황이 자주 발생하곤 하죠. 연결이 원활하지 않을 때는 당황하지 말고 이 표현을 사용해 보세요.

이런 표현들과 함께 쓰여요

screen share 화면 공유

bandwidth 대역폭

garbled 왜곡된

network 네트워크

choppy 뚝뚝 끊어지는

업그레이드해서 응용해 보세요

* **I am having trouble hearing you.**
  잘 안 들려요.
* **The screen is frozen.**
  화면이 멈췄어요.
* **Can I share my screen with you?**
  제 화면을 공유해도 될까요?
* **Can you see what I'm showing you?**
  제가 공유한 화면이 보이시나요?
* **Could you speak up?**
  좀 더 크게 말씀해 주시겠어요?
* **I'm going to log back in.**
  다시 로그인하겠습니다.

Unit 77

Let's escalate this issue to corporate.

우선 본사에 보고합시다.

★ 핵심 표현 ★

escalate the issue to ~

문제를 ~(윗선)에 보고하다/에스컬레이트하다

A. Did you see that customer complaint? I don't think we can handle it.

그 고객 불만 봤어요? 우리가 감당할 수 있을 것 같지 않아요.

B. Let's escalate this issue to corporate and see what they say.

우선 본사에 문제를 에스컬레이트하고 뭐라고 하는지 지켜봅시다.

이렇게 사용하세요

내 선에서 감당이 되지 않는 문제들은 어떻게 해야 할까요? 윗선에서 문제를 해결하도록 보고해야 하며, 이것을 'escalate'라고 합니다. 매뉴얼에 없는 상황을 감당하다가 걷잡을 수 없이 일이 커지게 만드는 것보다는 큰일이 발생하기 전에 빠르게 보고하는 것이 좋습니다.

이런 표현들과 함께 쓰여요

submit a ticket 문의를 등록하다
log the conversation 대화를 기록하다
issue tracking 문제 추적
customer support 고객 지원
round robin 순환 대기 방식(돌아가며 담당)
field support 현장 지원
resolved 해결됨
queue 대기 행렬
technical issue 기술 문제
territory 영역

업그레이드해서 응용해 보세요

* **Don't escalate the issue unless it's critical.**
중대하지 않으면 문제를 윗선으로 올리지 마십시오.

* **Escalating the issue will get the managers involved.**
그 문제를 윗선으로 올리면 관리자들이 관여하게 될 것입니다.

* **Escalating the issue will do no good for both sides.**
이 문제를 확대시키는 것은 양측 모두에게 도움이 되지 않을 것입니다.

* **I will have to escalate this issue because it hasn't been resolved for the past two months.**
지난 두 달 동안 이 문제가 해결되지 않았기 때문에 이 문제를 에스컬레이트하겠습니다.

Unit 78

Sorry, it's not up to me.

죄송하지만 제가 결정할 수 있는 일이 아닙니다.

★ 핵심 표현 ★

It's not up to ~

~가 결정할 수 있는 것이 아니다 / ~의 권한 밖이다

A. Could you give us a 25% discount with bulk purchase?
대량 구매를 하면 25% 할인을 해 줄 수 있나요?

B. Sorry, it's not up to me. But let me speak to my manager about it.
죄송하지만 제가 결정할 수 있는 일이 아닙니다. 저희 상사에게 말씀드려 볼게요.

이렇게 사용하세요

누군가 내게 권한 밖의 문제에 대해 결정을 내려 주길 원할 때, 잘못 대답했다가는 크게 낭패를 볼 수 있습니다. '그렇게 중요한 걸 나보고 결정하라고?'라는 생각이 든다면 당황하지 말고 이렇게 말해 주세요. "이건 내 권한 밖이에요." 상대방도 충분히 이해하고 권한이 있는 사람을 연결해 달라고 할 거예요.

이런 표현들과 함께 쓰여요

pay grade 보수
authority 권한
decision-making authority 결정권
discretion 재량
responsibility 책임

업그레이드해서 응용해 보세요

* **It's beyond my authority.**
  이건 나의 권한 밖이에요.
* **It's out of my hands at this point.**
  지금은 제 손을 떠난 상황입니다.
* **I'll take this to my supervisor for consideration.**
  검토를 위해 관리자에게 전달하겠습니다.
* **My hands are tied in this situation.**
  이 상황에서는 제가 할 수 있는 것이 없습니다.
* **Unfortunately, that is outside of my control.**
  안타깝게도 그것은 제가 통제할 수 없는 부분입니다.

Unit 79

I would like to bring this to your attention.

주목해 주셔야 할 것이 있습니다.

★ 핵심 표현 ★

bring ~ to one's attention

~에 …의 관심을 끌다 / ~에 주목하다

A. Is everything going as planned?
모든 것이 계획대로 되고 있나요?

B. I would like to bring this problem to your attention.
주목해 주셔야 할 문제가 있습니다.

이렇게 사용하세요

영어도 한국어도 공손한 표현은 길기 마련입니다. "이 점에 관심을 가져 주세요.", "이 사안에 주목해 주세요."와 같이 어떤 중요한 일에 대해 이야기할 때 이 표현을 사용하면 좀 더 극적인 효과를 볼 수 있습니다. 직역하면 '어떤 것을 누군가의 관심 안으로 가지고 오다'라는 의미입니다. 이 표현을 시각화하면 기억하는 데 도움이 될 것입니다.

이런 표현들과 함께 쓰여요

pay attention to ~ ~에 관심을 갖다, ~에 집중하다

observe 관찰하다

draw attention to ~ ~에 주의가 쏠리다

업그레이드해서 응용해 보세요

* **It has been brought to my attention that the meeting has been canceled.**
  회의가 취소되었다는 것을 알게 되었습니다.

* **Thank you for bringing that to our attention.**
  그것을 알려 줘서 고마워요.

* **I wish to bring this error that keeps occurring to your attention.**
  계속 발생하는 이 오류를 알려 드리려고 합니다.

* **I would like to bring to your attention that the new implementation has slowed down the site's loading speed.**
  새로운 구현으로 사이트의 로딩 속도가 느려졌다는 점을 알려 드리고자 합니다.

* **I would like to draw your attention to the sales graph.**
  판매 그래프를 봐 주세요.

Unit 80

I was wondering if I could leave early.

조퇴할 수 있을지 여쭙고 싶습니다.

★ 핵심 표현 ★

I was wondering if ~

~인지 궁금합니다

A. Did you want to speak to me?
저랑 이야기하고 싶다고요?

B. I was wondering if I could leave early for a doctor's appointment.
병원 진료를 위해 조퇴할 수 있을까요?

이렇게 사용하세요

어려운 이야기를 꺼내거나 부탁을 할 때 사용하는 공손한 표현입니다. 예를 들어 회사에서 갑작스럽게 조퇴를 해야 하는 상황에서 "조퇴하겠습니다."보다는 "조퇴를 할 수 있을까요?"라고 하면 보다 완곡하게 느껴지죠. 또한 누군가 일을 다 했는지 궁금할 때에도 "그 일 다 했어요?"보다는 "그 일을 다 했는지 궁금합니다."와 같이 덜 강압적으로 이야기하는 것이 좋습니다.

이런 표현들과 함께 쓰여요

leave early 조퇴하다
move up 앞당기다
be available ~할 시간이 있다
authorize (공식적) 허가하다
permission 허락, 허가

업그레이드해서 응용해 보세요

* **I was wondering if you could move up the delivery date.**
  배송 날짜를 앞당길 수 있는지 궁금합니다.
* **I was wondering if you were done using the printer.**
  프린터를 다 썼나요?
* **I was wondering if you could spare five minutes to look at my draft.**
  제 초안을 5분만 봐 주실 수 있을까요?
* **I was wondering if you were available this afternoon.**
  오늘 오후에 시간이 있는지 궁금합니다.
* **I was wondering if I could speak to you over lunch.**
  점심 먹으면서 얘기 좀 할 수 있을까요?

Unit 81

These figures don't add up.

이 숫자들은 앞뒤가 맞지 않네요.

★ 핵심 표현 ★

~ don't add up

~은 앞뒤가 맞지 않아요

A. How much longer will the report take? Is there an issue?
그 보고서는 얼마나 더 걸릴까요? 문제가 있나요?

B. This is driving me crazy! These figures don't add up.
이것 때문에 미쳐버리겠어요! 이 숫자들은 앞뒤가 맞지 않네요.

이렇게 사용하세요

don't add up은 '앞뒤가 맞지 않다', '계산이 안 떨어지다', '논리가 맞지 않다'와 같은 뜻으로 사용하는 표현입니다. 덧셈이 들어가는 상황에만 사용하는 것은 아니고 논리가 어긋나는 모든 상황을 설명할 때 사용하는 표현입니다. 따라서 업무적으로 무언가 말이 안 될 때, 이상한 점을 발견했을 때 사용할 수 있습니다.

이런 표현들과 함께 쓰여요

figures 수치

ballpark figure 대략적인 수치

single figures 한 자릿수

double figures 두 자릿수

업그레이드해서 응용해 보세요

* **It just doesn't add up.**
  앞뒤가 맞지 않아요.

* **It doesn't make sense.**
  말이 안 돼요.

* **The numbers are off.**
  숫자가 틀렸습니다.

* **The costs add up quickly.**
  비용이 금방 누적됩니다.

* **I crunched the numbers three times already.**
  벌써 세 번이나 계산을 해 봤어요.

* **What is the ballpark figure?**
  대략적인 수치는 얼마입니까?

Unit 82

I'm up to my ears with the new project.

새 프로젝트로 무척 바쁩니다.

★ 핵심 표현 ★

be up to one's ears

무척 바쁘다

A. Do you have time to help Liam with the code review?
리암의 코드 리뷰를 도와줄 시간이 있나요?

B. I'm afraid I can't. I'm up to my ears with the new project.
죄송하지만 안 될 것 같아요. 새 프로젝트로 무척 바쁩니다.

이렇게 사용하세요

해결해야 하는 일의 높이가 귀까지 차 있다면 무척이나 바쁜 상황이겠죠? 정말 바쁜 상황일 때 "I'm very busy." 정도로는 성에 안 찬다면, 이 표현을 사용해 보세요. 동료가 당신을 안쓰러운 표정으로 바라보며 자리로 돌아갈 거예요. 그 외에도 바쁘다는 표현을 다양하게 알아 두면 활용하기 좋습니다.

이런 표현들과 함께 쓰여요

have a lot on one's plate 할 일이 너무 많다

paperwork 서류 작업

bog down 교착 상태에 빠지다, 꼼짝 못하다

be tied up 매우 바쁘다

업그레이드해서 응용해 보세요

* **She's up to her ears in paperwork.**
  그녀는 서류 작업에 매몰되어 있어요.

* **I have a lot on my plate.**
  지금 해야 할 일이 많아요.

* **The project is bogged down in bureaucracy.**
  그 프로젝트는 관료 시스템 때문에 진도가 안 나가고 있습니다.

* **I'm really swamped at work right now.**
  지금 일 때문에 너무 바빠요.

* **I will be late because I'm tied up at work.**
  일이 바빠서 늦을 것 같아요.

* **He's at full bandwidth right now so ask Shawna to do this.**
  그는 지금 너무 바쁘니 쇼나한테 부탁해 봐요.

Unit 83

The project is running behind schedule.

프로젝트가 예정보다 늦어지고 있어요.

★ 핵심 표현 ★

~ run behind schedule

~이 예정보다 늦어지다

A. The client wants to know if they can release the marketing materials next Monday.
클라이언트가 다음 주 월요일에 마케팅 자료를 공개할 수 있는지 알고 싶어 합니다.

B. They're going to have to wait. The project is running behind schedule.
좀 기다려야 할 거예요. 프로젝트가 예정보다 늦어지고 있습니다.

이렇게 사용하세요

스케줄 날짜를 쫓아 달리고 있는 당신의 모습을 상상해 보세요. 'run behind schedule'은 약속한 날짜보다 일정이 늦어지거나 행사에서 식순이 늦어질 때 조급하고 두려운 상황을 말하는 표현입니다. 고객에게 예정보다 일정이 늦어진다고 전해야 할 때 사과의 표현과 함께 사용해 보세요.

이런 표현들과 함께 쓰여요

stalemate 교착 상태

itinerary 일정표

baseline 기준치

deliverable 상품, 결과물

fallback plan 만일을 대비한 계획

업그레이드해서 응용해 보세요

* **The conference sessions are running behind schedule.**
  컨퍼런스 세션이 예정보다 늦게 진행되고 있습니다.

* **I'm so far behind schedule. I'll never get this done by the end of the week.**
  예정보다 너무 늦어졌습니다. 주말까지 끝내지 못할 것 같아요.

* **If you fall behind schedule, you must let the manager know.**
  일정이 늦어지면 반드시 매니저에게 알려야 합니다.

Unit 84

Half of the HR Team has been let go.

인사팀의 절반이 해고되었습니다.

★ 핵심 표현 ★

be let go

해고당하다

A. What's going on with the Acme Company?
아크미 사는 어떻게 된 거예요?

B. Due to budget cuts, half of the HR Team has been let go.
예산 삭감으로 인해 인사팀의 절반이 해고되었습니다.

이렇게 사용하세요

'Let someone go'는 아이러니한 표현입니다. '해고하다'라는 뜻인데, 마치 직원을 '가도록 보내 주다', '방생하다'라는 느낌을 가지고 있죠. 그만큼 굉장히 어려운 상황에서 쓰이는 표현이란 것을 알 수 있습니다. 수동태로 'be let go'라고 하면 '해고당하다'라는 의미입니다.

이런 표현들과 함께 쓰여요

unlawful termination 불법 해고
AWOL (Absence Without Leave) 무단결근
unauthorized absence 무단결근
company restructuring 기업 구조 조정
budget cut 예산 삭감
downsizing 축소
layoffs 정리 해고
termination 정리 해고

업그레이드해서 응용해 보세요

* **We're letting Shawn go.**
  숀을 해고하려고 합니다.
* **I'm afraid we're going to have to let you go.**
  유감스럽게도 회사를 나가 주셔야 할 것 같습니다.
* **He's been fired last week for misappropriating funds.**
  지난주에 그는 자금 횡령으로 해고되었습니다.
* **She was terminated for absence without leave.**
  그녀는 무단결근으로 해고되었습니다.
* **He wasn't let go. He resigned.**
  그는 해고된 게 아닙니다. 사임했어요.

Unit 85

I didn't get around to it yet.

아직 그것을 미처 못했습니다.

★ 핵심 표현 ★

get around to ~

~할 시간을 내다

A. Did you get a chance to review the documents?
그 서류들을 검토할 기회가 있었나요?

B. I was in meetings all morning. I didn't get around to it yet.
오전 내내 회의 중이었어요. 아직 못했습니다.

이렇게 사용하세요

이미 정해진 일정이 지났거나 일을 끝내기로 한 시간이 얼마 남지 않은 상황일 때, '아직 미처 다 못했다'라고 말하려면 어떻게 해야 할까요? "I didn't do it yet."이라고 하면 방 청소 했냐고 묻는 엄마에게 사춘기 아이가 "아직 안 했어."라고 하는 느낌과 비슷합니다. '아직 미처 다 못했다'를 표현하는 올바른 비즈니스 영어 표현은 '할 시간을 내지 못했다'라는 의미인 'didn't get around to'라고 합니다.

이런 표현들과 함께 쓰여요

workaround 차선책, 대안

be about time ~ 이제 ~할 때다

time-consuming (많은) 시간이 걸리는

backlog 밀린 일

업그레이드해서 응용해 보세요

* **I don't know when I'll get around to fixing these bugs.**
  언제 이 버그들을 고칠 수 있을지 모르겠습니다.

* **I finally got around to buying that new keyboard.**
  마침내 그 새 키보드를 살 수 있었습니다.

* **It's about time you got around to tidying your desk.**
  이제 정말 당신 책상을 정리할 때가 온 것 같네요.

* **I've been meaning to call her, but I just haven't gotten around to it yet.**
  그녀에게 전화하려고 했는데, 아직 그럴 시간이 없었어요.

Unit 86

Can you ask Alex to expedite the payment process?

알렉스에게 빨리 결제해 달라고 부탁해 줄 수 있나요?

★ 핵심 표현 ★

ask someone to ~

…에게 ~해 달라고 부탁하다

A. Can you ask Alex to expedite the payment process?
알렉스에게 빨리 결제해 달라고 부탁해 줄 수 있나요?

B. Sure thing! I'll stop by her office now.
물론이죠! 지금 그녀의 사무실에 들를게요.

이렇게 사용하세요

업무 지시를 할 때, 부탁할 때, 내가 직접 도와줄 수 없어 다른 이를 추천할 때 다양하게 사용하는 표현입니다. 특히 누군가 내게 요청을 했을 때 도와줄 수 없다고 단칼에 거절하기보다는 도움을 줄 수 있을 만한 다른 사람을 추천해 준다면 상대방은 당신에게 고마움을 느낄 거예요. 회사에서는 서로 도움을 주고받을 일이 많으니 유용하게 사용할 수 있겠죠?

이런 표현들과 함께 쓰여요

expedite 더 신속히 처리하다

ask a favor 부탁을 하다

lead a meeting 회의를 이끌다

take one's shift ~와 교대하다

업그레이드해서 응용해 보세요

* **Could you ask Kathy to take over for me?**
  캐시에게 저를 대신해 달라고 부탁해 주시겠어요?
* **Could you ask Lisa to lead today's meeting?**
  리사에게 오늘 회의를 이끌어 달라고 부탁해 주시겠어요?
* **Ask Mike if he can take your shift.**
  마이크에게 당신과 교대할 수 있는지 물어보세요.
* **Ask Layla if you can take the company car.**
  레일라에게 회사 차량을 이용할 수 있는지 물어보세요.
* **I need to ask you a favor.**
  부탁 좀 드릴게요.
* **I hope I'm not asking too much.**
  제가 무리한 요구를 하는 게 아니길 바랍니다.

Unit 87

I have a lot of emails to catch up on.

처리해야 할 밀린 이메일이 많아요.

★ 핵심 표현 ★

catch up on ~

~을 따라잡다

A. Glad to see you back! Busy?
사무실에서 다시 보게 되어 반가워요! 바빠요?

B. Yes, I have a lot of emails to catch up on.
네, 처리해야 할 밀린 이메일이 많아요.

이렇게 사용하세요

휴가를 다녀오면 메일함에 쌓인 이메일을 읽다가 하루가 다 갈 지경이죠. 이메일, 업무 진행 상황, 회사 내 가십거리 등 밀린 무언가를 따라잡아야 할 때 사용하는 표현으로, 긴 휴가를 다녀 온 사람들한테 자주 들을 수 있는 표현입니다. 쌓인 일이 많을 때 이 표현을 말하면 동료들도 자리를 비켜 줄 거예요.

이런 표현들과 함께 쓰여요

get on track 정상 궤도로 돌아오다

product release 제품 출시

latest development 최신 업데이트, 최근의 진전 상황

업그레이드해서 응용해 보세요

* **I need to catch up on all the version updates.**
  모든 버전의 업데이트를 따라잡아야 합니다.

* **I'm going to have to work through the weekend to catch up on the product release schedule.**
  제품 출시 일정을 맞추기 위해 주말까지 일해야 할 것 같아요.

* **Can someone catch me up on the latest developments?**
  누가 나에게 최근 상황을 알려 줄 수 있을까요?

* **I have to catch up on my reading.**
  밀린 읽을거리가 많아요.

* **I hope to catch up on my sleep this weekend.**
  이번 주말에는 밀린 잠을 잘 수 있길 바랍니다.

Unit 88

As far as I know, the monthly users are decreasing.

제가 알기로는, 월간 사용자가 감소하고 있습니다.

★ 핵심 표현 ★

As far as I ~,

제가 ~하기로는,

A. The users are excited about the new feature release. The average time on site has increased by 2%.

사용자들이 새로운 기능에 반응하고 있습니다. 평균 방문 시간이 2% 증가했어요.

B. That's good. However, as far as I know, the monthly active users (MAU) are decreasing.

잘됐네요. 하지만 제가 알기로는 월간 활성 사용자(MAU)가 감소하고 있습니다.

이렇게 사용하세요

"(변동 사항이 있을지도 모르지만) 제가 알기로는 이렇습니다."라고 말할 때 사용하는 표현입니다. 내가 틀릴지도 모른다는 가정을 하고 말을 하는 것이기 때문에 혹시라도 얘기한 것과 다른 상황이 되었다고 해도 상대방이 너그럽게 넘어가 줄 수 있습니다. 보험을 들어 놓고 이야기하는 격입니다.

이런 표현들과 함께 쓰여요

As far as I can see 제가 보기는

As far as I can tell 제가 알기로는

As far as I can gather 제가 아는 한

As far as I can remember 제가 기억하는 한

업그레이드해서 응용해 보세요

* **As far as I know, our customers are fairly satisfied with our product.**
  제가 알기로는 고객들이 우리 제품에 상당히 만족하고 있습니다.
* **Everyone will be at the meeting, as far as I know.**
  제가 알기로는 모두 회의에 참석할 거예요.
* **As far as I can remember, that desk has been empty all along.**
  제가 기억하는 한, 그 책상은 내내 비어 있었어요.
* **To my knowledge, she hasn't completed her Ph.D.**
  제가 알기로는 그녀는 박사 학위를 마치지 않았어요.
* **Off the top of my head, I believe we have about 5,000 users.**
  얼핏 기억하기로는 약 5천 명의 사용자가 있습니다.

Unit 89

I'm having a hard time finding the files.

파일을 찾는 데 애를 먹고 있어요.

★ 핵심 표현 ★

have a hard time -ing

~하는 데 애를 먹다/어려움을 겪다

A. Were you able to finalize the drafts?

초안을 완성할 수 있었습니까?

B. Not yet. I'm having a hard time finding the files.

아직이요. 파일을 찾는 데 애를 먹고 있어요.

이렇게 사용하세요

무언가를 하는 데 애를 먹고 있을 때 쓸 수 있는 격식 있는 표현입니다. "파일을 못 찾겠어요."는 "I can't find the files."라고 해도 되지만 좀 더 격식 있는 비즈니스 영어로 말하고자 한다면 "I'm having a hard time finding the files."라고 해야 합니다. 비즈니스에서는 직설적인 표현보다 격식 있는 표현을 잘 사용하는 것도 중요합니다.

이런 표현들과 함께 쓰여요

have trouble with ~ ~하는 데 어려움을 겪다

deserve ~할 자격이 있다

hardship 고생

recruit 모집하다, 뽑다

업그레이드해서 응용해 보세요

* **She's having a hard time adjusting.**
  그녀는 적응하는 데 어려움을 겪고 있습니다.

* **I'm having a hard time figuring this out.**
  이것을 이해하는 데 어려움을 겪고 있어요.

* **She really deserves the incentives. She's been having such a hard time.**
  그녀는 정말 인센티브를 받을 자격이 있어요. 정말 힘든 시간을 보냈거든요.

* **We had a hard time recruiting data scientists.**
  우리는 데이터 과학자를 채용하는 데 어려움을 겪었습니다.

* **I'm having a hard time understanding my manager.**
  매니저를 이해하기 어렵습니다.

Unit 90

As of yet, we have no plans to bring on a manager.

아직까지는 새로운 매니저를 채용할 계획이 없습니다.

★ 핵심 표현 ★

as of yet, ~

아직까지는, ~

A. Will Kate be replaced with a new manager?
케이트가 새로운 매니저로 교체될까요?

B. As of yet, we have no plans to bring on a sales manager.
아직까지는 새로운 영업 매니저를 채용할 계획이 없습니다.

이렇게 사용하세요

미래에 변동 가능성이 있지만 아직까지는 변화가 없을 때 사용하는 표현입니다. 예를 들어 미래에는 새 직원을 채용할 수 있어도 지금은 계획이 없거나, 미래에는 새로운 기능이 개발될 수 있어도 지금은 계획이 없을 때 사용할 수 있습니다. 특히 누군가가 답을 요구하는데 아직 확정된 것이 없을 때 이 표현이 유용합니다.

이런 표현들과 함께 쓰여요

have no plans 아무 계획이 없다

As of now 지금까지, 지금부로

As of today 오늘부로

finalize 마무리 짓다, 완결하다

be let go 해고당하다

업그레이드해서 응용해 보세요

* **As of yet, nothing is finalized.**
  아직까지는 아무것도 확정되지 않았습니다.

* **As of yet, the manager hasn't approved the code submission.**
  아직 매니저가 코드 제출을 승인하지 않았습니다.

* **Chad says he has no plans to make the purchase as of yet.**
  채드 씨가 아직 구매 계획이 없다고 말했습니다.

* **As of now, twenty people have been let go.**
  지금까지 이십 명이 해고되었습니다.

* **As of today, the company will no longer provide free snacks.**
  오늘부로 회사는 더 이상 무료 간식을 제공하지 않습니다.

Unit 91

I called in sick.

아파서 결근한다고 회사에 알렸어요.

★ 핵심 표현 ★

call in sick

아파서 결근한다고 알리다

A. I haven't seen Ava all day. Where is she?

에이바를 하루 종일 못 봤네요. 어디에 있어요?

B. She called in sick this morning.

오늘 아침에 아파서 결근한다고 했어요.

이렇게 사용하세요

'call in sick'이라고 하면 전화를 걸어 회사에 아프다고 알리는 것 같지만, 이메일, 문자, 메신저 등 수단과 상관없이 회사에 아파서 결근한다고 알리는 행위를 뜻합니다. 아파서 결근하는 걸 무단결근으로 오해하지 않도록 꼭 출근 시간 전에 알리도록 하세요. 성실한 근태는 회사 생활에 매우 중요합니다.

이런 표현들과 함께 쓰여요

doctor's note 진단서
hangover 숙취
high fever 고열
cough 기침
surgery 수술

업그레이드해서 응용해 보세요

* **Make sure to call in sick.**
  반드시 병가를 신청하세요.
* **I'm taking a sick day.**
  오늘 병가를 냅니다.
* **You should bring a doctor's note tomorrow.**
  내일 진단서를 가져오셔야 해요.
* **I'm feeling under the weather today. I'm going to rest up.**
  오늘 몸이 안 좋아요. 좀 쉬어야겠어요.
* **I will make up for the missed work tomorrow.**
  못한 일은 내일 보충하겠습니다.

Unit 92

AFMD. TTYL.

부재중입니다. 나중에 얘기해요.

★ 핵심 표현 ★

AFMD. TTYL.

부재중입니다. 나중에 얘기해요.

A. Are you available for a quick chat?
잠깐 이야기 가능하세요?

B. AFMD. TTYL.
부재중입니다. 나중에 얘기해요.

이렇게 사용하세요

사내 커뮤니케이션을 하다 보면 '약자(abbreviation)'가 자주 등장할 겁니다. 저는 과거에 사내 행사 공지에 'Location TBD'라고 쓰여 있는 것을 보고 'TBD'라는 건물이 도대체 어디 있는 건지 혼란스러워했던 기억이 있습니다. 주로 많이 사용되는 약자를 모아 두었으니 저처럼 당황하지 마시고 잘 이용해 보시기를 바랍니다.

이런 표현들과 함께 쓰여요

AFMD (Away from my desk) 부재중입니다

OOO (Out of office) 부재중입니다

IAM (In a meeting) 미팅 중

TTYL (Talk to you later) 나중에 얘기합시다

BRB (Be right back) 곧 돌아오겠습니다

LMK (Let me know) 알려 주세요

ETA (Estimated time of arrival) 도착 예정 시간

TBD (To be determined) 결정 예정

DM (Direct message) 개인 메시지

TL;DR/TLTR (Too long didn't read/Too long to read) 너무 길어서 안 읽음

LGTM (Looks good to me) 좋습니다

KISS (Keep it short and simple) 간단명료하게

업그레이드해서 응용해 보세요

* **Good seeing you. TTYL.**

만나서 반가웠어요. 나중에 얘기해요(Talk to you later).

* **OOO. Will return Tuesday.**

부재중입니다(Out of office). 화요일에 돌아옵니다.

* **IAM. Be back in 5.**

미팅 중(In a meeting). 5분 후에 돌아옵니다.

작문 챌린지

Part 6에서 배운 핵심 표현을 활용하여 우리말에 맞는 문장을 써 보세요.

1 당신에게 막 전화하려고 했어요.

____

2 죄송하지만 제가 결정할 수 있는 일이 아닙니다.

____

3 주목해 주셔야 할 것이 있습니다.

____

4 이 숫자들은 앞뒤가 맞지 않네요.

____

5 프로젝트가 예정보다 늦어지고 있어요.

____

정답 확인

1 I was about to call you.
2 Sorry, it's not up to me.
3 I would like to bring this to your attention.
4 These figures don't add up.
5 The project is running behind schedule.

6 처리해야 할 밀린 이메일이 많아요.

___

7 제가 알기로는, 모두 회의에 참석할 거예요.

___

8 그녀는 적응하는 데 애를 먹고 있어요.

___

9 아직까지는 아무것도 확정되지 않았습니다.

___

10 아파서 결근한다고 회사에 알렸어요.

___

6 I have a lot of emails to catch up on.
7 As far as I know, everyone will be at the meeting.
8 She's having a hard time adjusting.
9 As of yet, nothing is finalized.
10 I called in sick.

화상 미팅을 할 때 유용한 표현

1. **Do we have everyone?** 다 모였나요?
2. **Josh will join us shortly.** 조시가 곧 합류할 겁니다.
3. **Here's the link to today's presentation slides.** 오늘의 발표 슬라이드 링크입니다.
4. **Let's all mute the microphone for now.** 마이크를 끕시다.
5. **I hear some noise in the background.** 소음이 좀 들려요.
6. **I am having trouble hearing you.** 당신 말이 잘 안 들려요.
7. **I'm going to turn off my video.** 저는 카메라를 끌게요.
8. **Anita, I think you are on mute.** 아니타, 마이크가 꺼져 있어요.
9. **The audio cuts in and out.** 소리가 끊깁니다.

⑩	**Your screen is frozen.**	화면이 멈췄어요.
⑪	**Let me share my screen.**	제 화면을 공유할게요.
⑫	**I'm going to pull up my presentation.**	발표 파일을 열도록 할게요.
⑬	**Do you want me to make it bigger?**	좀 더 크게 보이게 해 드릴까요?
⑭	**Could you speak up, please?**	좀 크게 말씀해 주시겠어요?
⑮	**I'm going to log back in.**	다시 로그인할게요.
⑯	**Can everyone hear me okay?**	다들 잘 들리나요?
⑰	**I have to step away for a moment.**	잠시 자리를 비울게요.
⑱	**I'll turn off my video to save bandwidth. Is my audio okay?**	대역폭을 절약하기 위해 동영상을 끄겠습니다. 오디오는 괜찮나요?
⑲	**I'm sorry it's loud. Let me mute myself.**	시끄러워서 죄송합니다. 음소거할게요.
⑳	**I missed what you said. My connection is weak.**	말씀하신 것을 놓쳤습니다. 제 연결 상태가 좋지 않습니다.

Part 7

BUSINESS ENGLISH

회사 생활이 즐거워지는 동료들과의 친목

회사에서 나의 멘탈을 지켜주는 친목 스킬

- ☑ 경조사 관련 기본 표현 꼭 알아 두기
- ☑ 어설픈 사내 정치는 피할 것
- ☑ 식사 전에 못 먹는 음식이 있는지 물어보기
- ☑ 뒷담화는 조심 또 조심
- ☑ 크고 작은 일들에 대해 자주 축하 나누기

Unit 93

Do you want to grab a beer after work?

퇴근하고 맥주 한잔할래요?

★ 핵심 표현 ★

grab ~

~을 간단히 먹다/마시다

A. I'm so glad we're done with the meeting. We should celebrate.

회의가 끝나서 정말 기뻐요. 축하해야죠.

B. Do you want to grab a beer after work?

퇴근하고 맥주 한잔할래요?

이렇게 사용하세요

기나긴 프로젝트가 끝나거나 동료들과 함께 고생했던 프로젝트가 좋은 성과를 이루었다면, 퇴근 후 맥주 한잔 정도 마시면서 축하를 나누면 좋겠죠? 동료에게 가볍게 맥주 한잔 하자고 제안할 때, 이 표현을 사용해 보세요. grab은 원래 '잡다'라는 뜻인데, 식사나 술 등에 사용하면 '간단히 먹다, 마시다'라는 뜻이 됩니다.

이런 표현들과 함께 쓰여요

Tiki bar 폴리네시아 테마의 바로 마이타이와 좀비 칵테일이 유명함

Irish pub 아이리쉬 테마의 술집

sports bar 스포츠 바, 대형 티비로 스포츠를 다 같이 관람할 수 있음

dive bar 동네 바

happy hour 술을 할인해 주는 시간(보통 오후 4시-7시)

업그레이드해서 응용해 보세요

* **Let's go grab some food. I'm starving.**
가서 뭐 좀 먹읍시다. 배고파 죽겠어요.

* **Do you want to grab coffee after lunch?**
점심 먹고 커피 마실래요?

* **Why don't we go for a drink?**
한잔하러 가시겠어요?

* **Are you down for a drink?**
술 한잔하실래요?

* **Are you up for a drink?**
술 한잔하실래요?

Unit 94

Do you have any dietary restrictions?

못 먹는 음식이 있으세요?

★ 핵심 표현 ★

have dietary restrictions

못 먹는 음식이 있다

A. Thanks for inviting me to your potluck.

포트럭 파티(참석자가 음식을 가져가는 파티)에 초대해 주셔서 감사합니다.

B. Sure. Do you have any dietary restrictions?

별 말씀을요. 못 먹는 음식이 있으세요?

이렇게 사용하세요

누군가와 식사 약속을 잡을 때는 못 먹는 음식이 있는지 반드시 물어봐야 합니다. 알레르기, 종교, 식습관 등의 이유로 못 먹는 음식이 있을 수 있기 때문이에요. 미리 물어보고 확인한다면 상대방이 당신의 세심함에 고마움을 느끼겠죠? 특히 견과류, 새우, 육류 등을 신경 써 주세요.

이런 표현들과 함께 쓰여요

peanut allergy 땅콩 알레르기

lactose intolerant 유당불내증(유제품 기피)

gluten free 글루텐 프리(밀 기피)

pork/beef 돼지고기/소고기

vegetarian 채식주의자

vegan 엄격한 채식주의자, 채식용(모든 동물성 재료 기피)

업그레이드해서 응용해 보세요

* **Does your friend have any dietary restrictions?**
  네 친구는 못 먹는 음식이 있어?

* **I'm allergic to gluten.**
  저는 글루텐 알레르기가 있어요.

* **Does your family eat pork?**
  당신의 가족은 돼지고기를 먹습니까?

* **Is kimchi vegan?**
  김치는 비건인가요?

Unit 95

It's on me.

제가 쏠게요.

★ 핵심 표현 ★

~ is on me

~은 제가 쏠게요

A. The first round is on me!
첫 잔은 제가 쏩니다!

B. What's the occasion?
오늘 무슨 특별한 날이에요?

A. I got a promotion.
저 승진했어요.

이렇게 사용하세요

미국은 모든 상황에서 항상 더치페이를 하는지 궁금해하는 분들이 종종 있습니다. 내가 먹은 건 내가 지불하는 게 기본이지만, 특별한 날에는 한턱을 내기도 합니다. 특히 미국에서는 경사가 있을 때 모든 이의 첫 잔을 대신 지불해 주는 문화가 있습니다. 술집에서 "The first round is on me!"라고 외치면 바텐더가 당신에게 따로 청구를 할 겁니다. 인원수를 잘 봐가면서 써야 하는 표현입니다.

이런 표현들과 함께 쓰여요

first round 첫 잔, 1차

occasion 행사, 특별한 때

bill 계산서, 청구서

company credit card 법인 카드

take care of ~ ~을 계산하다(원래는 '돌보다'라는 뜻이지만 '계산하다'로도 사용됨)

업그레이드해서 응용해 보세요

* **You paid for lunch. The coffee is on me.**
  점심 값 내셨으시까요. 커피는 제가 살게요.

* **The drinks are on me.**
  이 술은 제가 사는 겁니다.

* **Put it on the company credit card.**
  법인 카드로 결제하세요.

* **Let me take care of the bill.**
  제가 계산할게요.

I'm sorry to hear about your grandmother.

할머니 소식 유감입니다.

★ 핵심 표현 ★

I'm sorry to hear about ~

~ 소식 유감입니다

A. I'm **really** sorry to hear about **your grandmother.**
할머니 소식 정말 유감입니다.

B. **Thank you.**
감사합니다.

이렇게 사용하세요

누군가가 사망했을 때, 한국에서는 "삼가 고인의 명복을 빕니다."라고 하죠. 이 표현을 영어로는 어떻게 말할까요? sorry를 활용해서 유감을 표현해 주세요. sorry는 보통 '미안한'이라는 의미로 알고 있지만, 어떤 상황에 대한 유감이나 안 좋은 마음을 표현할 때도 흔하게 쓰입니다.

이런 표현들과 함께 쓰여요

loss 죽음

funeral 장례식

obituary 사망 기사, 부고

condolence 조의, 애도

sincerely 진심으로

업그레이드해서 응용해 보세요

* **I'm sorry for your loss.**
  삼가 고인의 명복을 빕니다.

* **My thoughts are with you.**
  (힘든 일을 겪는 사람에게 위로의 의미로) 제 마음은 당신과 함께 해요.

* **My thoughts go out to you and your family.**
  당신과 가족들에게 애도를 표합니다.

* **My heart sincerely goes out to you.**
  진심으로 애도를 표합니다.

* **We would like to express our sincere condolences to you and your family.**
  우리는 당신과 가족에게 진심으로 애도를 표합니다.

Unit 97

He's a control freak.

그는 통제광이에요.

★ 핵심 표현 ★

control freak

통제광

A. It looks like your manager likes to micromanage everything.
당신의 매니저는 모든 것을 세세하게 관리하는 것을 좋아하는 것 같아요.

B. He's a control freak.
그는 통제광이에요.

이렇게 사용하세요

모든 일을 자기 방식대로 해야 직성이 풀리는 '통제광'들이 있죠. 이런 상사를 만난다면 일하기가 쉽지 않을 거예요. 그래도 뒷담화를 할 땐 늘 조심해야 합니다. 사내 정치, 줄서기와 편 가르기, 사내 정치가 난무하는 사무실에서 나누는 조심스러운 뒷담화, 그리고 사적인 대화에 등장할 만한 용어들을 살펴 보세요.

이런 표현들과 함께 쓰여요

nitpicker/stickler 까다로운 사람

office politics 사내 정치

workplace harassment 직장 내 괴롭힘

free rider 불로소득자, 무임 승차자

kiss-ass 아부쟁이

one upper 늘 이기려고만 하는 사람

업그레이드해서 응용해 보세요

* **Kate's tone is really getting on my nerves.**
  케이트 말투가 정말 신경에 거슬려요.

* **He drives me crazy.**
  그 사람 때문에 미치겠어요.

* **Take it easy.**
  쉬엄쉬엄해요.

* **Chill out.**
  진정하세요.

* **Get a grip.**
  정신 바짝 차리세요.

* **Pull yourself together.**
  힘을 내요.

Unit 98

Any plans for the weekend?

주말에 무슨 계획 있어요?

★ 핵심 표현 ★

Any plans for ~?

~에 무슨 계획 있어요?

A. Any plans for the weekend?

주말에 무슨 계획 있어요?

B. Nothing special. I'm going to order takeout foods and binge watch Netflix.

특별한 건 없어요. 배달 음식 주문하고 넷플릭스나 몰아 보려고요.

이렇게 사용하세요

동료와 친목을 쌓고 싶을 때, 가장 가볍게 질문하기 좋은 것은 '주말 계획'입니다. 좋은 전시가 있다면 어떤 것이 있는지를 이야기할 수도 있고, 가족들과 시간을 보낸다고 하면 자연스럽게 가족의 이야기도 들을 수 있겠죠. 과한 사생활 참견은 상대를 불편하게 만들 수도 있지만 이러한 일상적인 대화는 더 깊은 신뢰를 쌓을 수 있습니다.

이런 표현들과 함께 쓰여요

housewarming party 집들이

baby shower 베이비 샤워(아기 선물을 주는 출산 축하 파티)

bridal shower 브라이덜 샤워(신부와 친구들이 결혼 직전에 갖는 축하 파티)

wedding 결혼식

meditation retreat 명상 수련회

thanksgiving holidays 추수감사절 연휴

업그레이드해서 응용해 보세요

* **Are you doing anything special for the weekend?**
  주말에 뭐 특별한 거 할 거예요?

* **Any plans for the vacation? As for me, I'll be going on a meditation retreat.**
  휴가 계획은 있어요? 저는 명상 수련회를 갈 거예요.

* **Any plans after the company's IPO? I'm thinking of an early retirement.**
  회사 IPO 후에 계획이 있나요? 저는 조기 은퇴를 생각하고 있어요.

Unit 99

Do you prefer to eat at your desk or eat out?

점심을 책상에서 먹나요, 아니면 나가서 먹나요?

★ 핵심 표현 ★

Do you prefer A or B?

A나 B 중 무엇을 더 선호하나요?

A. Do you prefer to eat at your desk or eat out?
점심을 책상에서 먹나요, 아니면 나가서 먹나요?

B. I prefer to eat out because I need to walk around a bit.
저는 좀 걸어야 해서 나가서 먹는 걸 선호합니다.

이렇게 사용하세요

회사 동료들만큼 오랜 시간을 같이 보내는 사람들이 또 있을까요? 다양한 문화권의 사람들이 섞여 일하는 미국에서는 상대의 취향을 존중해 주는 자세가 매우 중요합니다. 하루의 상당 시간을 동료들과 보내는 만큼, 갈등을 줄이려면 상대방이 무엇을 선호하는지 알아 두는 게 좋겠죠? 미국에서 자란 이들은 자기 주장을 하는 데 익숙하기 때문에 '알아서 해 주는 것'을 배려라고 생각하지 않을 확률이 높습니다. Preference(선호)를 꼭 물어봐 주세요.

이런 표현들과 함께 쓰여요

preference 선호

indecisiveness 우유부단함

workplace culture 직장 문화

perks 혜택(무료 식사, 간식, 헬스장, 어린이집 등)

업그레이드해서 응용해 보세요

* **Do you prefer getting a higher salary or getting more benefits?**
  더 높은 급여를 받는 것과 더 많은 복지 중 어떤 것을 선호하나요?
* **Do you prefer to work from home or at the office?**
  재택근무와 사무실 근무 중 어느 쪽을 선호하시나요?
* **Which seat do you prefer, the aisle or the window?**
  통로 쪽과 창문 쪽 중 어느 좌석을 원하십니까?
* **Which do you prefer, regular soda or sugar-free?**
  일반 음료수와 무설탕 중 어느 것을 더 좋아하세요?

Unit 100

Congratulations on your promotion!

승진 축하드려요!

★ 핵심 표현 ★

Congratulations on ~

~ 축하드려요

A. Why is it so dark?
왜 이렇게 어둡지?

B. Surprise! Congratulations on your promotion!
짠! (깜짝 파티 상황) 승진 축하드려요!

이렇게 사용하세요

미국 회사에서는 결혼, 생일, 졸업, 승진, 이사, 프로젝트 성사, 반려동물 입양 등 크고 작은 일들에 적극적으로 아낌없이 축하를 나눕니다. 동료가 조용히 불러 "Did you sign the card?"라고 소리를 낮춰 말한다면 그건 "롤링 페이퍼 쓰셨어요?"라고 물어보는 거랍니다. 꼭 대단한 일이 아니더라도 자주 축하를 나눈다면 회사 생활도 더욱 활기차지 않을까요? "Congratulations."는 꼭 복수형으로 말해 주세요.

이런 표현들과 함께 쓰여요

celebration 기념행사

congratulate 축하하다

toast 건배하다, 축배를 들다

a toast to ~ ~를 위해 건배

업그레이드해서 응용해 보세요

* **Congratulations on your wedding! We all wish you both much love, health, and happiness.**
  결혼을 축하합니다! 우리 모두 두 분의 사랑과 건강, 그리고 행복을 기원합니다.

* **Congratulations on your successful fundraiser!**
  성공적인 투자 유치를 축하드립니다!

* **Congratulations on the arrival of your new baby! Here's wishing you lots of joy with your little one.**
  아기의 탄생을 축하합니다! 당신의 어린 아기와 함께 많은 기쁨을 기원합니다.

* **Congratulations! Let's drink a toast to your success.**
  축하드립니다! 당신의 성공을 위해 건배합시다.

작문 챌린지

Part 7에서 배운 핵심 표현을 활용하여 우리말에 맞는 문장을 써 보세요.

1 퇴근하고 맥주 한잔할래요?

____

2 못 먹는 음식이 있으세요?

____

3 커피는 제가 살게요.

____

4 할머니 소식 유감입니다.

____

정답 확인

1 Do you want to grab a beer after lunch?
2 Do you have any dietary restrictions?
3 The coffee is on me.
4 I'm sorry to hear about your grandmother.

5 그는 통제광이에요.

____

6 주말에 무슨 계획 있어요?

____

7 점심을 책상에서 먹나요, 아니면 나가서 먹나요?

____

8 승진 축하드려요!

____

5 He's a control freak.
6 Any plans for the weekend?
7 Do you prefer to eat at your desk or eat out?
8 Congratulations on your promotion!

Part 7. Bonus

스몰토크할 때 유용한 표현

스몰토크(small talk)는 어색한 분위기를 누그러뜨리고 친밀감을 형성하는 데 도움이 되는 가벼운 대화를 말합니다. 날씨, 취미, 관심사 등과 같이 업무와 관련이 없는 캐주얼한 내용이 주제가 되고, 엘리베이터, 정수기 앞, 점심 대기 줄 등 다양한 상황에서 활용됩니다. 미국인들은 눈만 마주쳐도 목례를 하거나 인사를 하는 경우가 많은데요, 특히 비즈니스 환경에서 이런 경우가 있다면 당황하지 말고 가볍게 스몰토크를 시작해 보세요. 이렇게 형성된 친밀감은 효과적인 커뮤니케이션과 협업에 도움이 되고, 새로운 기회로 이어질 수도 있어요.

1. **Nice weather we're having, isn't it?** 날씨 좋네요, 그쵸?
2. **What do you think of this weather we've been having?** 최근 날씨 어떻게 생각하세요?
3. **What's been keeping you busy lately?** 요즘 어떤 일로 바쁘신가요?
4. **What's your go-to spot for lunch around here?** 이 근처에 점심 먹으러 자주 가는 곳은 어디인가요?
5. **Did you try any new restaurants or cafes recently? Any recommendations?** 최근에 새로운 레스토랑이나 카페에 가 보신 적이 있나요? 추천하는 곳이 있나요?
6. **How's your day going so far? Anything interesting happen?** 오늘 하루는 어떠세요? 흥미로운 일은 없었나요?
7. **Any plans for the weekend?** 주말 계획이 있으신가요?
8. **How was your weekend?** 주말은 어떻게 보냈나요?

❾	**What are your plans for the holidays?**	연말연시 계획은 어떻게 되나요?
❿	**Do you have any vacation plans coming up?**	휴가 계획이 있으신가요?
⓫	**How was your commute this morning?**	오늘 아침 출근길은 어땠나요?
⓬	**Did you catch the game last night?**	어젯밤 경기 보셨나요?
⓭	**Have you seen any good movies/TV shows lately?**	최근에 좋은 영화나 TV 프로그램을 본 적이 있나요?
⓮	**Do you have any favorite podcasts?**	즐겨 듣는 팟캐스트가 있나요?
⓯	**Have you read any good books lately?**	최근에 읽은 좋은 책이 있나요?
⓰	**What do you think of the new office space?**	새로운 사무실 공간에 대해 어떻게 생각하시나요?
⓱	**Have you been working on any exciting projects lately?**	최근에 흥미로운 프로젝트를 진행하고 있나요?
⓲	**What do you like to do in your free time?**	여가 시간에는 주로 무엇을 하시나요?
⓳	**How's the family doing?**	가족은 잘 지내나요?
⓴	**Do you have any pets?**	반려동물을 키우시나요?

Memo

Memo